Sirviendo en la iglesia local

obreros

*Características y roles de quienes sirven
saludablemente en la obra de Dios*

DANIEL PRIETO

obreros

1º edición
© Copyright 2019 por el autor
ISBN: 978-0-9914809-1-3

Ninguna parte de esta publicación puede ser reproducida, almacenada o transmitida de manera alguna ni por ningún medio, sea electrónico, químico, mecánico, óptico, de grabación o de fotografía, sin permiso previo por escrito del autor.

Para comunicarse con el autor: pastordanielprieto@gmail.com

Cuando no se indica la versión de las citas bíblicas corresponde a la versión Reina Valera, revisión 1960 (RV60). Las negritas en las citas bíblicas son énfasis añadido del autor.

Edición: Luis Manoukian
luismanoukian@gmail.com

Diagramación: Julieta Valle
Diseño de tapa: Julieta Valle

contenido

Las características del obrero — 5

1. Llamados a ser obreros — 7
2. Llamados a trabajar — 15
3. Las cualidades del obrero — 21
4. Las actitudes del obrero — 45

Los roles del obrero — 67

5. Introducción — 69
6. El obrero enseñando — 71
7. El obrero discipulando — 77
8. El obrero ministrando — 91

El liderazgo del obrero — 97

9. El obrero liderando — 99
10. El obrero líder y su persona — 105
11. El obrero líder y su tarea — 117
12. El obrero líder y sus seguidores — 129

Sesión 1

Las características del obrero

1. Llamados a ser obreros
2. Llamados a trabajar
3. Las cualidades del obrero
4. Las actitudes del obrero

1
Llamados a ser obreros

Entonces dijo a sus discípulos: A la verdad la mies es mucha, mas los obreros pocos. Rogad, pues, al Señor de la mies, que envíe obreros a su mies

(Mateo 9:37-38).

Procura con diligencia presentarte a Dios aprobado, como obrero que no tiene de qué avergonzarse, que usa bien la palabra de verdad

(2 Timoteo 2:15).

En el Nuevo Testamento, dentro de la iglesia, les llamaban obispos, ancianos, pastores o diáconos a los que ejercían algún oficio dentro de las congregaciones locales, pero les llamaban obreros cuando se trataba de la obra de Dios. Tanto los ancianos, los diáconos, los pastores, los apóstoles, los profetas, los evangelistas, los maestros, los administradores y los que lideraban en la iglesia, a todos se los denominaba por una misma palabra que definía la esencia de su posición o función: Obrero. Todos se veían a sí mismos como obreros y colaboradores de la obra de Jesús.

El Señor es quien está edificando su iglesia, nosotros somos obreros de su obra. No es nuestra obra, es la obra de Jesucristo, el Señor y dueño de la iglesia.

Capítulo 1

El mismo Jesús afirmó: *"sobre esta roca edificaré mi iglesia"* (Mateo 16:18). No dijo 'edificarán' sino 'edificaré', y el apóstol Pablo nos enseñó claramente que *"somos colaboradores de Dios"* (1 Corintios 3:9).

Así que antes de ser llamados a ser apóstoles, profetas, evangelistas, pastores, maestros, líderes de alabanza u obispos, fuimos llamados a ser obreros. Solo cuando somos primero obreros, entonces nuestros ministerios cobran sentido, porque los ponemos a trabajar a favor de la obra de Dios y a colaborar con la iglesia que Jesús está edificando.

Problemas de dimensiones históricas

La iglesia de Jesucristo ha sufrido tres problemas muy serios a lo largo de su historia en relación a los obreros:

Primero, los obreros *"son pocos"* para tanto trabajo que hacer en la obra del Señor – *A la verdad la mies es mucha, mas los obreros pocos* (Mateo 9:37b).

El Señor Jesús les enseñaba a sus discípulos sobre la necesidad que tiene la iglesia de obreros. El trabajo es mucho y los obreros son pocos. Para eso se convoca a la iglesia a orar, pidiéndole a Dios que envíe obreros. Esto es, que comience a mover el corazón de los miembros de la iglesia para trabajar en la obra del Señor.

Segundo, los obreros *están entretenidos y distraídos* con los quehaceres temporales y cotidianos y no están haciendo en el momento lo que es relevante para la obra de Dios. *Jesús les dijo: Mi comida es que haga la voluntad del que me envió, y que acabe su obra. ¿No decís vosotros: Aún faltan cuatro meses para que llegue la siega? He aquí os digo: Alzad vuestros ojos y mirad los campos, porque ya están blancos para la* *siega. Y el que siega recibe salario, y recoge fruto para vida eterna, para que el que siembra goce juntamente con el que siega. Porque en esto es verdadero el dicho: Uno es el que siembra, y otro es el que siega. Yo os he enviado a segar lo que vosotros no labrasteis; otros labraron, y vosotros habéis entrado en sus labores* (Juan 4:34-38).

En el viaje de regreso a Galilea, Jesús y sus discípulos se detienen en Samaria en una propiedad que José heredó de su padre Jacob. En esa propiedad que perteneció a Jacob había un pozo de agua y cerca de ese pozo Jesús se sentó a descansar porque estaba cansado por el viaje.

En esta parada casi forzada por el cansancio de Jesús, los discípulos van al pueblo a buscar comida, pero Jesús se queda y comienza una conversación con la mujer samaritana que derivó en la conversión de ella y con una multitud de la ciudad que vino a Jesús, convocada por la mujer.

En ese momento los discípulos llegan con la comida que habían comprado, pero Jesús no quiere comer. No entienden que está pasando, creen que alguien más le dio de comer. Entonces Jesús les dijo: *Mi comida es obedecer a Dios, y completar el trabajo que él me envió a hacer* (Juan 4:34, TLA).

Y luego les explica que en la manera que ellos entienden el negocio de la agricultura, lo lógico es que después de que se siembra el trigo, la expectativa es cosecharlo cuatro meses más tarde. Y además, el trabajo se hace en equipo, unos siembran y otros cosechan. Y ustedes si prestan atención a lo que está pasando más allá de sus tareas y responsabilidades diarias, se van a dar cuenta que hoy tienen la oportunidad de cosechar. Jesús les dijo: «*Fíjense bien: toda esa gente que viene es como un campo de trigo que ya está listo para la cosecha. Dios premiará a los que trabajan recogiendo toda esta cosecha de gente, pues todos tendrán vida eterna. Así, el que sembró el campo y los que recojan la cosecha se alegrarán juntos. Es cierto lo que dice el refrán: "Uno es el que siembra, y otro el que cosecha". Yo los envío a cosechar lo que a ustedes no*

Capítulo 1

Capítulo 1

les costó ningún trabajo sembrar. Otros invitaron a toda esta gente a venir, y ustedes se han beneficiado del trabajo de ellos» (Juan 4:35-38, TLA).

Tercero, hay *obreros fraudulentos y obreros malos* dentro de la iglesia – *Porque éstos son... obreros fraudulentos, que se disfrazan como apóstoles de Cristo... guardaos de los malos obreros* (2 Corintios 11:13; Filipenses 3:2).

Pablo enseñó que no todo el que trabaja en su obra es genuino y bueno. También están aquellos que son fraudulentos y malos, y por consiguiente no son obreros que honran a Dios con sus vidas y trabajo, sino muy por el contrario, deshonrar a Dios y a su iglesia, y debemos guardarnos de ellos. La palabra *"guardaos"* puede traducirse como presten atención, cuídense, estén alertas.

Debemos orar por más obreros, pero debemos cuidarnos de los fraudulentos y malos.

El obrero genuino y bueno

Si esto es así, entonces nos debemos preguntar: ¿Quién es un obrero genuino y bueno? ¿Cuál es el perfil de un obrero que honra a Dios con su vida y con su trabajo? La respuesta a estas preguntas está en la misma Escritura. Según la palabra de Dios el obrero genuino y bueno se conoce porque:

Es alguien que tiene compasión por las personas antes que pasión por un trabajo en la iglesia – *Recorría Jesús todas las ciudades y aldeas, enseñando en las sinagogas de ellos, y predicando el evangelio del reino, y sanando toda enfermedad y toda dolencia en el pueblo. Y al ver las multitudes, tuvo compasión de ellas; porque estaban desamparadas y dispersas como ovejas que no tienen pastor. Entonces dijo a sus discípulos: A la verdad la mies es mucha, mas los obreros* *pocos. Rogad, pues, al Señor de la mies, que envíe obreros a su mies* (Mateo 9:35-38).

Quizás este era el momento ministerial de mayor popularidad del ministerio de Jesús y sus discípulos. Estaban muy activos, viajando, predicando, enseñando y sanando al pueblo. Y es en ese preciso momento que Jesús detiene a todo su equipo y les recuerda que todo lo que están haciendo en el ministerio no se trata de la tarea sino de las personas.

Y al ver la gran cantidad de gente que lo seguía, Jesús sintió mucha compasión, porque vio que era gente confundida, que no tenía quien la defendiera. ¡Parecían un rebaño de ovejas sin pastor!

(Mateo 9:36, TLA).

Jesús reenfoca a sus discípulos para que entiendan que todo lo que están haciendo no se trata simplemente de un trabajo en el ministerio, sino del ministerio haciendo el trabajo de la cosecha. Que ellos son más que obreros de un ministerio, son obreros de la cosecha.

... Son muchos los que necesitan entrar al reino de Dios, pero son muy pocos los discípulos para anunciarles las buenas noticias. Por eso, pídanle a Dios que envíe más discípulos, para que compartan las buenas noticias con toda esa gente

(Mateo 9:37-38, TLA).

El obrero genuino es alguien que busca ser aprobado por Dios antes que por los hombres. *Procura con diligencia presentarte a Dios aprobado, como obrero que no tiene de qué avergonzarse, que usa bien la palabra de verdad* (2 Timoteo 2:15).

Capítulo 1

Capítulo 1

Aunque el énfasis que le damos históricamente a este pasaje está en la última frase, quisiera enfatizar en el elemento de carácter que finalmente le permite al obrero "usar bien la palabra de verdad". El obrero genuino es aquel que intencionalmente busca la aprobación de Dios en su vida y ministerio, es decir, *"procura con diligencia presentarse ante Dios aprobado"*, y esa aprobación tiene que ver con la ausencia en su vida de lo que pueda causar vergüenza ante Dios y ante los hombres. Buscar la aprobación de los hombres es señal de ser fraudulento y termina por hacer del obrero un obrero malo, con actitudes y acciones que avergüenzan a Dios, a su iglesia y al mismo obrero.

El obrero genuino es alguien que busca ser identificado como un servidor junto a otros en la obra y nunca como el Señor y el centro de atención de la obra. *¿Qué, pues, es Pablo, y qué es Apolos? Servidores por medio de los cuales habéis creído; y eso según lo que a cada uno concedió el Señor* (1 Corintios 3:5).

El que está diciendo estas palabras es el mismo apóstol Pablo, quien podría sentirse superior a muchos, por quien era y por todo lo que había hecho en la obra. Pero sin embargo, cuando en la iglesia se suscitó una división en cuanto a qué líder seguían, Pablo no habló de liderazgo sino de servicio. No comenzó su argumento ante los de Corinto hablando de quién era él como líder y cuáles eran sus méritos, sino que simplemente preguntó: *"¿Qué, pues, es Pablo, y qué es Apolos?"*. Lo que Pablo estaba comunicando es que no le interesaba hablar de quién era él como líder sino de qué era él en la obra del Señor.

Por eso a la pregunta *"¿Qué es Pablo y qué es Apolo?"*, responde: *"somos servidores por medio de los cuales habéis creído"*. Pablo, el gran apóstol a los gentiles, se ve a sí mismo y se presenta a los demás como un *"servidor"* que solo es un medio, un canal, a través del cual Dios les trajo a otros la salvación. E incluso al mencionar lo que Dios hizo a

Capítulo 1

través de él en la vida de los demás, aclara que eso no fue por sus atributos y habilidades personales sino porque a Dios así le plació.

Cuando el obrero ha sido equipado y asignado por Dios a una tarea, pasa a ser un obrero genuino cuando responde correctamente a la pregunta *"¿Qué soy en la obra del Señor?"*.

El obrero fraudulento y malo diría "soy el jefe y deben obedecerme", o "soy el fundador y por eso me deben lo que son y lo que tienen".

El obrero genuino respondería diciendo: "simplemente soy un servidor por medio del cual han recibido lo que tienen de Dios para sus vidas".

El obrero genuino es alguien que busca servir por la paga celestial y eterna, y no por la paga terrenal y temporal. *El que planta y el que riega trabajan en conjunto con el mismo propósito. Y cada uno será recompensado por su propio arduo trabajo* (1 Corintios 3:8, NTV).

El obrero genuino en la Iglesia de Jesucristo puede o no percibir un beneficio material, pero lo cierto es que su trabajo en la obra no está condicionado por los beneficios materiales que pueda percibir sino por el Señor de la obra y por la obra del Señor.

Por el Señor de la obra porque ama a Jesucristo y le sirve en lo que Él, como el Señor de su vida, lo llama a hacer, esperando el día de encontrarse con Él para ser hallado fiel, y recibir su recompensa, porque *el que planta y el que riega son una misma cosa; aunque cada uno recibirá su recompensa conforme a su labor* (1 Corintios 3:8).

Y por la obra del Señor porque el obrero genuino ama las almas y anhela la salvación de los perdidos y la edificación de los creyentes, permitiendo a la comunidad de creyentes donde sirve reconocer que los obreros son dignos de un salario, *pues la Escritura dice: No pondrás bozal al buey que trilla; y: Digno es el obrero de su salario* (1 Timoteo 5:18).

Capítulo 1

El obrero fraudulento es un asalariado, es aquel que solo trabaja por los beneficios personales o materiales que va a recibir, sean estos económicos o de cualquier otra índole. Continuar o dejar una tarea asignada está determinado por el salario que se negocia, en lugar de su entendimiento de la voluntad del Señor y de su amor por la obra y por las personas a las que sirve.

Estas características de un obrero genuino deben ser contenidas por un entendimiento claro que ese obrero tiene de:

1. Las **cualidades** como persona que lo habilitan al servicio.

2. La **actitud** que necesita tener en la vida y mientras sirve.

3. Los **roles** que debe ejercer en su ministerio y en su vida cristiana.

En los siguientes capítulos vamos a repasar cada uno de estos aspectos que conciernen a los buenos obreros que sirven en las iglesias locales para expandir el reino de Dios sobre la tierra.

2
Llamados a trabajar

Los grandes personajes de la historia humana y algunos líderes de la iglesia nos han dejado sus ideas y pensamientos en cuanto al trabajo. Y de ellos rescatamos dichos como estos:

- "Lo que con mucho trabajo se adquiere, más se ama" (Aristóteles).

- "El trabajo aleja de nosotros tres grandes males: el aburrimiento, el vicio y la necesidad" (Voltairc).

- "Una máquina puede hacer el trabajo de 50 hombres corrientes. Pero no existe ninguna máquina que pueda hacer el trabajo de un hombre extraordinario" (Elbert Hubbard).

- "Ora como si todo dependiera de Dios. Trabaja como si todo dependiera de ti" (San Agustín).

- "Trabaja en algo, para que el diablo te encuentre siempre ocupado" (San Jerónimo).

A los obreros del reino de Dios se nos llama a trabajar en la obra del Señor. Hoy se ha popularizado tanto en la iglesia la imagen del líder exitoso y popular que tiene a otros trabajando para él, que hemos perdido la esencia de nuestro llamado a ser obreros. En consecuencia, hemos distorsionado lo que significa trabajar en la obra.

Capítulo 2

Por eso comenzamos justo aquí, afirmando que Dios nos llamó a ser obreros y no líderes. Liderar es una expresión de los roles del obrero pero no es el todo. Antes de ser líderes debemos aprender a ser obreros. Y para ser obreros necesitamos aprender lo que significa trabajar en la obra del Señor.

Los términos bíblicos para trabajo

La palabra hebrea para trabajo más común en la Biblia es *'oal'* que significa: hacer, moda, lograr, alcanzar, realizar, fabricar y producir.

- Hacer es realizar una acción, llevar a cabo.

- Moda es cómo algo es hecho, o cómo algo pasa; es la práctica característica o habitual, es el último y más admirado estilo.

- Lograr es alcanzar, realizar es poner en efecto, es llevar a cabo una tarea, es ejecutar la decisión del grupo, es ganar con esfuerzo.

- Fabricar es participar en, es provocar o causar que sea o que llegue a ser, es causar que se haga o que ocurra.

- Producir es traer a existencia, es dar origen, es dar a luz.

Los obreros "trabajadores" son gente de acción que crean un estilo de vida y que ponen en efecto las decisiones de Dios provocando que la voluntad de Dios se cumpla y que las personas lleguen a ser y vivir lo que Dios quiere que sean y vivan dando origen a lo de Dios en nuestras comunidades.

Una de la palabra griega más común para trabajo en la Escritura es *kopiáo* que significa sentir fatiga, por implicación: trabajar duro. Vienen del griego *kópos* que significa esforzarse (como reduciendo las fuerzas), trabajo esforzado que desemboca en fatiga, trabajo penoso, labor ardua, angustia, apaleamiento, azotamiento, por implicación: dolores.

Capítulo 2

Los obreros "trabajadores" se dedican a la proclamación del evangelio y a la edificación de los creyentes enfrentándose a trabajos arduos donde muchas veces la tarea produce dolores y cansancio.

Trabajamos para Jesús

1. Los obreros hacemos nuestro trabajo acompañados por el Señor.

   Pues ahora, Zorobabel, esfuérzate, dice Jehová; esfuérzate también, Josué hijo de Josadac, sumo sacerdote; y cobrad ánimo, pueblo todo de la tierra, dice Jehová, y trabajad; porque yo estoy con vosotros, dice Jehová de los ejércitos. Según el pacto que hice con vosotros cuando salisteis de Egipto, así mi Espíritu estará en medio de vosotros, no temáis (Hageo 2:4-5).

2. Los obreros hacemos nuestro trabajo bajo la gracia.

   Pero por la gracia de Dios soy lo que soy; y su gracia no ha sido en vano para conmigo, antes he trabajado más que todos ellos; pero no yo, sino la gracia de Dios conmigo. Porque o sea yo o sean ellos, así predicamos, y así habéis creído (1 Corintios 15:10-11).

3. Los obreros hacemos nuestro trabajo por encargo.

   Buscad, pues, hermanos, de entre vosotros a siete varones de buen testimonio, llenos del Espíritu Santo y de sabiduría, a quienes encarguemos de este trabajo (Hechos 6:3).

4. Los obreros hacemos nuestro trabajo recibiendo órdenes.

   Respondiendo Simón, le dijo: Maestro, toda la noche hemos estado trabajando, y nada hemos pescado; mas en tu palabra echaré la red (Lucas 5:5).

Capítulo 2

TRABAJAMOS PARA LOS DEMÁS

1. Los obreros hacemos nuestro trabajo amando a los demás.

> *Tan grande es nuestro afecto por vosotros, que hubiéramos querido entregaros no sólo el evangelio de Dios, sino también nuestras propias vidas; porque habéis llegado a sernos muy queridos. Porque os acordáis, hermanos, de nuestro trabajo y fatiga; cómo trabajando de noche y de día, para no ser gravosos a ninguno de vosotros, os predicamos el evangelio de Dios. Vosotros sois testigos, y Dios también, de cuán santa, justa e irreprensiblemente nos comportamos con vosotros los creyentes* (1 Tesalonicenses 2:8-10).

2. Los obreros hacemos nuestro trabajo para dar a los demás.

> *Antes vosotros sabéis que para lo que me ha sido necesario a mí y a los que están conmigo, estas manos me han servido. En todo os he enseñado que, trabajando así, se debe ayudar a los necesitados, y recordar las palabras del Señor Jesús, que dijo: Más bienaventurado es dar que recibir. Cuando hubo dicho estas cosas, se puso de rodillas, y oró con todos ellos.* (Hechos 20:34-36).

3. Los obreros hacemos nuestro trabajo luchando a favor de los demás.

> *A quien anunciamos, amonestando a todo hombre, y enseñando a todo hombre en toda sabiduría, a fin de presentar perfecto en Cristo Jesús a todo hombre; para lo cual también trabajo, luchando según la potencia de él, la cual actúa poderosamente en mí* (Colosenses 1:28-29).

Capítulo 2

TRABAJAMOS ALINEADOS CON LA ETERNIDAD

1. Los obreros hacemos nuestro trabajo con esperanza.

   Palabra fiel es esta, y digna de ser recibida por todos. Que por esto mismo trabajamos y sufrimos oprobios, porque esperamos en el Dios viviente, que es el Salvador de todos los hombres, mayormente de los que creen. Esto manda y enseña (1 Timoteo 4:9-11).

2. Los obreros hacemos nuestro trabajo persuadidos de cosas mejores.

   Pero en cuanto a vosotros, oh amados, estamos persuadidos de cosas mejores, y que pertenecen a la salvación, aunque hablamos así. Porque Dios no es injusto para olvidar vuestra obra y el trabajo de amor que habéis mostrado hacia su nombre, habiendo servido a los santos y sirviéndoles aún. Pero deseamos que cada uno de vosotros muestre la misma solicitud hasta el fin, para plena certeza de la esperanza, a fin de que no os hagáis perezosos, sino imitadores de aquellos que por la fe y la paciencia heredan las promesas (Hebreos 6:9-12).

3. Los obreros hacemos nuestro trabajo cuidando de no perder el fruto porque queremos el galardón completo.

   Porque muchos engañadores han salido por el mundo, que no confiesan que Jesucristo ha venido en carne. Quien esto hace es el engañador y el anticristo. Mirad por vosotros mismos, para que no perdáis el fruto de vuestro trabajo, sino que recibáis galardón completo. Cualquiera que se extravía, y no persevera en la doctrina de Cristo, no tiene a Dios; el que persevera en la doctrina de Cristo, ése sí tiene al Padre y al Hijo (2 Juan 1:7-9).

3
Las cualidades del obrero

Si el gobernante se impone por sus cualidades y mantiene el orden en armonía con las buenas costumbres, el pueblo sentirá vergüenza de actuar mal y avanzará por el camino de la verdad.

CONFUCIO

Las cualidades sublimes infunden respeto; las bellas, amor.

INMANUEL KANT

No se debe juzgar a un hombre por sus cualidades, sino por el uso que hace de ellas.

FRANCOIS DE LA ROCHEFOUCAULD

Partimos de la base que el obrero es todo aquel que está trabajando en la obra del Señor, con o sin posiciones o títulos dentro de la estructura organizacional de la iglesia. Y todo el que sirve en la obra del Señor debe reunir una serie de cualidades personales que lo habilitan y le dan credibilidad para hacer la tarea que Dios lo está llamando a hacer en la iglesia y en la vida de los demás.

Para poder construir el perfil de cualidades de un

Capítulo 3

obrero vamos a tomar la descripción que el apóstol Pablo hace de los diáconos. Hoy en día separamos a los diáconos del grupo de obreros y muchas veces los hacemos miembros de un grupo de élite de la iglesia. Pareciera que ser un diácono es casi como ser socio dueño de la congregación.

Pero en las iglesias locales del Nuevo Testamento los diáconos eran siervos, obreros que trabajaban para la obra de Dios. Por eso todos aquellos que han de servir en el ministerio de la iglesia deben como mínimo tener las cualidades de un diácono para servir en la mejor expresión de su ministerio y trabajo.

Diácono es una transliteración a nuestro castellano del término griego *diákonos*, que tiene el significado de siervo, asistente, ministro. Se refiere a una persona que hace el trabajo que otro le manda para realizar mandados.

El término *diákonos* se aplica a Cristo (Lucas 22:27), a los discípulos de Jesús (Mateo 20:26, 23:11; Juan 12:26), a los apóstoles y sus colaboradores (1 Corintios 3:5; 2 Corintios 3:6, 6:4; Efesios 3:7, 6:21; Colosenses 1:7, 23, 25, 4:7; 1 Tesalonicenses 3:2), y a los diáconos de la iglesia primitiva (1 Timoteo 3:8).

CUALIDADES

Una persona debe tener cualidades en lo espiritual, personal, familiar y doctrinal. Definamos 'cualidad' como aquellos caracteres, naturales o adquiridos, que dan vida a la forma de ser de una persona, distinguiéndola de los demás. En este caso: ¿Cuáles son aquellas virtudes que nos distinguen de los demás y que nos habilitan al trabajo que hay que realizar en la obra del Señor?

CUALIDADES ESPIRITUALES

En aquellos días, como creciera el número de los discípulos, hubo murmuración de los griegos contra los hebreos, de que las viudas

Capítulo 3

de aquéllos eran desatendidas en la distribución diaria. Entonces los doce convocaron a la multitud de los discípulos, y dijeron: No es justo que nosotros dejemos la palabra de Dios, para servir a las mesas. Buscad, pues, hermanos, de entre vosotros a siete varones de buen testimonio, llenos del Espíritu Santo y de sabiduría, a quienes encarguemos de este trabajo. Y nosotros persistiremos en la oración y en el ministerio de la palabra. Agradó la propuesta a toda la multitud; y eligieron a Esteban, varón lleno de fe y del Espíritu Santo, a Felipe, a Prócoro, a Nicanor, a Timón, a Parmenas, y a Nicolás prosélito de Antioquía; a los cuales presentaron ante los apóstoles, quienes, orando, les impusieron las manos. Y crecía la palabra del Señor, y el número de los discípulos se multiplicaba grandemente en Jerusalén; también muchos de los sacerdotes obedecían a la fe

(Hechos 6:1-7).

Usando estos versículos como una referencia a la función del diácono, se destacan los siguientes requisitos del obrero de Dios:

1. El obrero debe ser una persona "de entre vosotros". Un hermano en la fe que es bien conocido.

2. El obrero debe ser una persona "de buen testimonio". Dentro y fuera de la congregación debe ser una persona de quien se piensa bien y se habla bien, respecto de su conducta cristiana y su postura de fe.

3. El obrero debe ser una persona "llena del Espíritu Santo". Es necesario que sea reconocido como creyentes guiado por el Espíritu y que goza de la poderosa presencia del Espíritu en

Capítulo 3

su vida diaria. Debe haber una penetración completa del Espíritu en el pensar, el decir y el hacer.

4. El obrero debe ser una persona "llena de sabiduría". El principio de toda sabiduría es el temor a Dios, o reverenciarle y someterse a Él. Dios no debe tener dificultades con revelar su voluntad al diácono y guiarle para que ministre de manera cariñosa y eficaz. Esta sabiduría es la que viene de arriba. No es solamente poseer un sentido común destacable, sino es saber servir con sabiduría en el servicio de la iglesia para que Cristo sea proclamado.

Esteban - Hechos 6 destaca que Esteban cumplía de tal manera estos requisitos que no podían resistir la sabiduría y al Espíritu con que hablaba.

Felipe - Hechos 8 registra el ministerio de Felipe, quien abriendo su boca, comenzó desde la Escritura de Isaías 53 y anunció el evangelio de Jesús (v. 35).

5. El obrero debe ser una persona "llena de fe". Fe es la certeza de lo que se espera, la convicción de lo que no se ve. Fe es lo que nos da la capacidad de dar, muy por el contrario de lo que hoy muchas veces entendemos por fe. La fe no es para recibir mucho, la fe es para dar mucho. Ver Hebreos 11.

6. El obrero debe ser una persona "llena de valor". Esteban perdió la vida por predicar el evangelio (Hechos 7:54-60). Felipe perdió la comodidad de su barrio al ser evangelista en Samaria (Hechos 8:4). Valor no significa cuánto estás dispuesto a ganar sino, muy por el contrario, cuánto estás dispuesto a perder, cuánto estás dispuesto a entregar por Jesucristo y por su causa. Pablo dijo: *Pero cuantas cosas eran para mí ganancia, las he estimado como pérdida por amor de Cristo* (Filipenses 3:7).

Los obreros de Dios deben ser más que hombres buenos. Deben caracterizarse por una fe grande, ser de buen testimonio, ser llenos del Espíritu Santo y de sabiduría, y estar disponibles para ocuparse en todo aquello que servirá para hacer crecer la Palabra del Señor en el corazón del pueblo.

Capítulo 3

CUALIDADES PERSONALES

Los diáconos asimismo deben ser honestos, sin doblez, no dados a mucho vino, no codiciosos de ganancias deshonestas

(1 Timoteo 3:8).

HONESTO – *gr. semnos*

Es alguien venerable, honorable, que se conduce de tal manera que lo hace digno del respeto de los demás.

Asimismo, exhorta a los jóvenes a que sean prudentes; muéstrate en todo como ejemplo de buenas obras, con pureza de doctrina, con dignidad, con palabra sana e irreprochable, a fin de que el adversario se avergüence al no tener nada malo que decir de nosotros

(Tito 2:6-8, LBLA).

Mantened entre los gentiles una conducta irreprochable, a fin de que en aquello que os calumnian como malhechores, ellos, por razón de vuestras buenas obras, al considerarlas, glorifiquen a Dios en el día de la visitación

(1 Pedro 2:12, LBLA).

Capítulo 3

Una prueba del carácter verdadero es la actitud de tener su vida elevada como una luz. Si sus acciones son impías, una persona evita ser visto por los demás; pero si una persona es honesta, no llamará la atención pero estará dispuesto a que se vean sus acciones y que el crédito por las mismas sea para el Señor.

Y este es el juicio: que la luz vino al mundo, y los hombres amaron más las tinieblas que la luz, pues sus acciones eran malas. Porque todo el que hace lo malo odia la luz, y no viene a la luz para que sus acciones no sean expuestas. Pero el que practica la verdad viene a la luz, para que sus acciones sean manifestadas que han sido hechas en Dios

(Juan 3:19-21, LBLA).

SIN DOBLEZ – *gr. dilogos*

Significa literalmente ´doble lengua´. Una de las versiones más antiguas de Reina Valera lo traduce como "no bilingües". Menos mal que esa traducción no es muy popular hoy en día. Lo que en realidad significa es que no es de doble palabra, que no habla con doble sentido, que no es de decir una cosa y creer otra, que no está contando una historia diferente. Es decir, tiene una lengua controlada.

La persona sin doblez es consistente en sus palabras en relación a Dios y a su prójimo. En relación a Dios, porque no maldice con la misma boca que están bendiciendo a Dios.

Ahora bien, si ponemos el freno en la boca de los caballos para que nos obedezcan, dirigimos también todo su cuerpo. Mirad también las naves; aunque son tan grandes e impulsadas por fuertes vientos, son, sin embargo, dirigidas

Capítulo 3

mediante un timón muy pequeño por donde la voluntad del piloto quiere. Así también la lengua es un miembro pequeño, y sin embargo, se jacta de grandes cosas. Mirad, ¡qué gran bosque se incendia con tan pequeño fuego! Y la lengua es un fuego, un mundo de iniquidad. La lengua está puesta entre nuestros miembros, la cual contamina todo el cuerpo, es encendida por el infierno e inflama el curso de nuestra vida. Porque todo género de fieras y de aves, de reptiles y de animales marinos, se puede domar y ha sido domado por el género humano, pero ningún hombre puede domar la lengua; es un mal turbulento y lleno de veneno mortal. Con ella bendecimos a nuestro Señor y Padre, y con ella maldecimos a los hombres, que han sido hechos a la imagen de Dios; de la misma boca proceden bendición y maldición. Hermanos míos, esto no debe ser así. ¿Acaso una fuente por la misma abertura echa agua dulce y amarga? ¿Acaso, hermanos míos, puede una higuera producir aceitunas, o una vid higos? Tampoco la fuente de agua salada puede producir agua dulce

(Santiago 3:3-12, LBLA).

Una persona sin doblez, en relación al prójimo, usa sus palabras para edificar y no para destruir a los demás.

No salga de vuestra boca ninguna palabra mala, sino sólo la que sea buena para edificación, según la necesidad del momento, para que imparta gracia a los que escuchan

(Efesios 4:29, LBLA).

Y también sus palabras son consistentes en relación a su prójimo porque no solo habla de misericordia, sino que sus palabras van acompañadas con acciones de misericordia.

Capítulo 3

¿De qué sirve, hermanos míos, si alguno dice que tiene fe, pero no tiene obras? ¿Acaso puede esa fe salvarlo? Si un hermano o una hermana no tienen ropa y carecen del sustento diario, y uno de vosotros les dice: Id en paz, calentaos y saciaos, pero no les dais lo necesario para su cuerpo, ¿de qué sirve? Así también la fe por sí misma, si no tiene obras, está muerta

(Santiago 2:14-17, LBLA).

Pero el que tiene bienes de este mundo, y ve a su hermano en necesidad y cierra su corazón contra él, ¿cómo puede morar el amor de Dios en él? Hijos, no amemos de palabra ni de lengua, sino de hecho y en verdad

(1 Juan 3:17-18, LBLA).

NO DADO A MUCHO VINO – *del griego prosecho (dado) y polos (mucho)*

Prosecho se traduce como "dado" y significa mantener la mente en algo, estar en dirección a, en este caso: el vino. Es decir, estar pensando en el vino todo el tiempo. Y *polos* se traduce como "mucho" y significa abundante, a menudo, en gran parte.

Cuando se instruye a no ser dado a mucho vino, significa que no debemos entregarnos a una vida de mucho vino, a no ser adictos al alcohol. Que el alcohol no controle nuestra mente y voluntad, que ocupa gran parte de nuestros pensamientos y acciones.

En caso de aquellos que sirven en la obra del Señor, es importante considerar los siguientes principios bíblicos en relación al uso de las bebidas alcohólicas:

Si estás reunido con la iglesia, celebra la Santa Cena en memoria de Jesús y no uses la Santa Cena como una excusa para beber en la iglesia y dejar malas memorias en la comunidad de Jesús.

Capítulo 3

Cuando, pues, os reunís vosotros, esto no es comer la cena del Señor. Porque al comer, cada uno se adelanta a tomar su propia cena; y uno tiene hambre, y otro se embriaga. Pues qué, ¿no tenéis casas en que comáis y bebáis? ¿O menospreciáis la iglesia de Dios, y avergonzáis a los que no tienen nada? ¿Qué os diré? ¿Os alabaré? En esto no os alabo. Porque yo recibí del Señor lo que también os he enseñado: Que el Señor Jesús, la noche que fue entregado, tomó pan; y habiendo dado gracias, lo partió, y dijo: Tomad, comed; esto es mi cuerpo que por vosotros es partido; haced esto en memoria de mí. Asimismo tomó también la copa, después de haber cenado, diciendo: Esta copa es el nuevo pacto en mi sangre; haced esto todas las veces que la bebiereis, en memoria de mí. Así, pues, todas las veces que comiereis este pan, y bebiereis esta copa, la muerte del Señor anunciáis hasta que él venga

(1 Corintios 11:20-26).

Si sirves en un contexto donde el alcoholismo es un problema, la postura más segura es la abstención completa y no prestarse para que otro se facilite en la distribución y servicio. Nadab y Abiú, dos de los hijos de Aarón, se emborracharon y fueron al tabernáculo a servir. Hicieron algo que Dios no les mandó y le deshonraron con sus actos. Por esa razón Dios tomó la decisión que los que sirven en el tabernáculo no beban bebidas alcohólicas cuando tienen que realizar sus funciones sacerdotales. Lo cierto es que si existe la tendencia en la comunidad al alcoholismo, existe la realidad de que el abuso del alcohol debe estar anulando el buen juicio de las personas y distorsionando su vida moral.

Nadab y Abiú, hijos de Aarón, tomaron cada uno su incensario, y pusieron en ellos fuego, sobre el cual pusieron incienso, y ofrecieron delante de

Capítulo 3

Jehová fuego extraño, que él nunca les mandó. Y salió fuego de delante de Jehová y los quemó, y murieron delante de Jehová. Entonces dijo Moisés a Aarón: Esto es lo que habló Jehová, diciendo: En los que a mí se acercan me santificaré, y en presencia de todo el pueblo seré glorificado. Y Aarón calló... Y Jehová habló a Aarón, diciendo: Tú, y tus hijos contigo, no beberéis vino ni sidra cuando entréis en el tabernáculo de reunión, para que no muráis; estatuto perpetuo será para vuestras generaciones, para poder discernir entre lo santo y lo profano, y entre lo inmundo y lo limpio, y para enseñar a los hijos de Israel todos los estatutos que Jehová les ha dicho por medio de Moisés

(Levítico 10:1-3, 8-11, LBLA).

Si estás en otra nación o entre otro grupo étnico o cultura donde tomar vino es cultural, cuando visites esos lugares y te inviten a tomar vino con ellos en su forma y expresión cultural, hazlo con prudencia y sabiduría y honra a quienes has ido a servir.

Si tu presencia en ciertos lugares debilita la fe de tus hermanos, entonces no estés en esos lugares, y mucho menos bebiendo bebidas alcohólicas.

En cuanto a lo sacrificado a los ídolos, sabemos que todos tenemos conocimiento. El conocimiento envanece, pero el amor edifica. Y si alguno se imagina que sabe algo, aún no sabe nada como debe saberlo. Pero si alguno ama a Dios, es conocido por él. Acerca, pues, de las viandas que se sacrifican a los ídolos, sabemos que un ídolo nada es en el mundo, y que no hay más que un Dios. Pues aunque haya algunos que se llamen dioses, sea en el cielo, o en la tierra (como hay muchos dioses y muchos señores), para nosotros, sin embargo, sólo hay un Dios, el Padre,

Capítulo 3

del cual proceden todas las cosas, y nosotros somos para él; y un Señor, Jesucristo, por medio del cual son todas las cosas, y nosotros por medio de él. Pero no en todos hay este conocimiento; porque algunos, habituados hasta aquí a los ídolos, comen como sacrificado a ídolos, y su conciencia, siendo débil, se contamina. Si bien la vianda no nos hace más aceptos ante Dios; pues ni porque comamos, seremos más, ni porque no comamos, seremos menos. Pero mirad que esta libertad vuestra no venga a ser tropezadero para los débiles. Porque si alguno te ve a ti, que tienes conocimiento, sentado a la mesa en un lugar de ídolos, la conciencia de aquel que es débil, ¿no será estimulada a comer de lo sacrificado a los ídolos? Y por el conocimiento tuyo, se perderá el hermano débil por quien Cristo murió. De esta manera, pues, pecando contra los hermanos e hiriendo su débil conciencia, contra Cristo pecáis. Por lo cual, si la comida le es a mi hermano ocasión de caer, no comeré carne jamás, para no poner tropiezo a mi hermano

(1 Corintios 8:1-13).

Todo me es lícito, pero no todo conviene; todo me es lícito, pero no todo edifica. Ninguno busque su propio bien, sino el del otro. De todo lo que se vende en la carnicería, comed, sin preguntar nada por motivos de conciencia; porque del Señor es la tierra y su plenitud. Si algún incrédulo os invita, y queréis ir, de todo lo que se os ponga delante comed, sin preguntar nada por motivos de conciencia. Mas si alguien os dijere: Esto fue sacrificado a los ídolos; no lo comáis, por causa de aquel que lo declaró, y por motivos de conciencia; porque del Señor es la tierra y su plenitud. La conciencia, digo, no la tuya, sino la del

Capítulo 3

otro. Pues ¿por qué se ha de juzgar mi libertad por la conciencia de otro? Y si yo con agradecimiento participo, ¿por qué he de ser censurado por aquello de que doy gracias? Si, pues, coméis o bebéis, o hacéis otra cosa, hacedlo todo para la gloria de Dios. No seáis tropiezo ni a judíos, ni a gentiles, ni a la iglesia de Dios; como también yo en todas las cosas agrado a todos, no procurando mi propio beneficio, sino el de muchos, para que sean salvos

(1 Corintios 10:23-33).

Si estás enfermo, hay ciertas medicinas cuyo contenido tiene alcohol, y en tal caso el uso es para mejorar la salud de uno, entonces toma la medicina. El apóstol Pablo recomendó esto cuando le dijo a Timoteo que bebiera un poco de vino por causa de su estómago y de sus frecuentes enfermedades pero su intento no es fomentar el consumo de bebidas alcohólicas. Aquí se debe incluir el abstenerse de todo lo que produce una dependencia química: Tabaco, bebidas alcohólicas y drogas de toda índole, cuidándose mucho cuando el médico recete el uso de algo que puede producir una dependencia.

Ya no bebas agua sola, sino usa un poco de vino por causa de tu estómago y de tus frecuentes enfermedades

(1 Timoteo 5:23).

NO CODICIOSO DE GANANCIAS DESHONESTAS
– gr. aischrokerdes

El término griego traducido como ganancias deshonestas significa que codicia a ganancias sucias, ganancias torpes.

Capítulo 3

No debemos ser culpables de formas deshonestas de ganarnos la vida. Ni siquiera deberíamos pensar algo semejante. Debemos manejar nuestros fondos personales con honestidad. Como mínimo debemos ser diezmadores. Nuestro ejemplo como diezmadores se valora mucho más cuando se practica el ofrendar generosamente y con alegría. La antítesis de la codicia es la generosidad ejemplificada por Bernabé al vender una propiedad y darla para suplir las necesidades de los más carenciados en la iglesia.

Desde los días de vuestros padres os habéis apartado de mis estatutos y no los habéis guardado. Volved a mí y yo volveré a vosotros —dice el SEÑOR de los ejércitos. Pero decís: "¿Cómo hemos de volver?" ¿Robará el hombre a Dios? Pues vosotros me estáis robando. Pero decís: "¿En qué te hemos robado?" En los diezmos y en las ofrendas. Con maldición estáis malditos, porque vosotros, la nación entera, me estáis robando

(Malaquías 3:7-9, LBLA).

No había, pues, ningún necesitado entre ellos, porque todos los que poseían tierras o casas las vendían, traían el precio de lo vendido, y lo depositaban a los pies de los apóstoles, y se distribuía a cada uno según su necesidad. Y José, un levita natural de Chipre, a quien también los apóstoles llamaban Bernabé (que traducido significa hijo de consolación), poseía un campo y lo vendió, y trajo el dinero y lo depositó a los pies de los apóstoles

(Hechos 4:34-37, LBLA).

Capítulo 3

CUALIDADES FAMILIARES

Las mujeres asimismo sean honestas, no calumniadoras, sino sobrias, fieles en todo. Los diáconos sean maridos de una sola mujer, y que gobiernen bien sus hijos y sus casas

(1 Timoteo 3:11-12).

La mayoría de los intérpretes del Nuevo Testamento se inclinan a creer que el v. 11 se refiere específicamente a la esposa del diácono, pues se comienza a hablar de la vida familiar del diácono. Las relaciones en el hogar son tan importantes que Pablo se vio obligado a hablar claramente sobre el particular, una vez que había establecido el papel de la esposa. Describamos los requisitos en cuanto al hogar de un diácono:

MARIDO DE UNA SOLA MUJER

Durante la época de la iglesia primitiva era común que algunos hombres tuviesen más de una esposa, y al llegar a ser creyentes en Cristo Jesús, les era difícil solucionar el problema de múltiples esposas y el apóstol Pablo lo instruye a Timoteo para que exigiera que los diáconos fuesen hombres siervos de una sola esposa.

Muchas congregaciones insisten en que la aplicación correcta del versículo elimina del rol de diáconos, y en este caso entonces de servir como obrero, a los divorciados y a los que están casados con divorciados/as. Sin embargo, el peso de la evidencia es que el versículo trata de la poligamia. Algunas iglesias razonan que Dios perdona todo pecado y está bien usar como diácono a los que llenan todos los requisitos, salvo el de divorciado cuando todavía era incrédulo. Este punto se va a discutir mucho en diferentes círculos y será muy difícil que todos lleguen a estar de acuerdo al respecto. En la Iglesia Cuadrangular examinamos cada caso de forma particular.

El cónyuge del obrero debe ser una persona madura en su carácter cristiano

Capítulo 3

Pablo menciona cuatro cualidades que revelan madurez en el cónyuge del diácono:

Debe ser honesto, *del gr. semnos*

La madurez del cónyuge también empieza con la forma en que se conduce de tal manera que los demás lo ven como digno de respeto. Ya hemos mencionado sobre esta cualidad del diácono. Lo que cabe mencionar aquí es que el cónyuge de quien sirve en la obra debe entender que el respeto y la honra que otros le den no se debe a que es esposa o esposo de alguien más, que ya es respetado y honrado entre los creyentes por su carácter y conducta. Sino, muy por el contrario, es algo que debe ganárselo con su propia manera de ser y de comportarse frente a los demás.

No deben ser calumniadores, *del gr. diabolos*

Calumniador se traduce de *diabolos* de donde proviene la palabra que usamos para diablo, y que significa falso acusador. También podría traducirse como demonio y como calumniador.

Calumnia es la acusación falsa y maliciosa hecha contra una persona con la intención de deshonrarle y con el fin de causarle daño.

La calumnia es más que un chisme. El chisme es un comentario o alguna noticia no verificada que circula entre la gente, generalmente de carácter negativo. Pero la calumnia es acusar con maldad para destruir, para lastimar.

La calumnia revela el mismo carácter del diablo expresado en las personas. El diablo busca acusar para matar y destruir. Y cuando alguien se presta para tal fin, está actuando diabólicamente.

Capítulo 3

Se espera que el cónyuge de un diácono refleje el espíritu de Cristo y no el de Satanás.

Deben ser sobrios, *del gr. neplaleos*

Significa en este caso no ser indulgentes, estar atentos y vigilantes, esto aplica a las personas que tienen dominio propio sobre sus emociones y reacciones.

Es otra cualidad muy importante para el cónyuge de un diácono y de aquellos que están sirviendo en la iglesia. Hay momento es que el obrero está tan inmerso en su compasión y en querer servir y ayudar que no se da cuenta que puede estar cruzando los límites de la salud emocional, espiritual, relacional y del manejo del tiempo y el dinero. Entonces es cuando un cónyuge sobrio, que no es indulgente sino atento y que está velando por el cuidado del otro y de su propio hogar, debe intervenir y con toda mansedumbre y templanza exhortar y confrontar acciones, actitudes y decisiones y ayudarle a corregir y ordenar lo que sea necesario.

Deben ser fieles en todo, *del gr. pistos*

Pistos habla de ser confiables como personas. Se refiere a alguien en el que otros pueden confiar. Aunque muchas veces el cónyuge del diácono o de alguien que sirve en la iglesia no está directamente sirviendo en el mismo ministerio, sí es cierto que un cónyuge que no es confiable limitará –a quienes el obrero sirve– para que abran su corazón, o se muestren vulnerables para ser ministrados, porque aunque sienten que pueden confiar en el diácono no necesariamente confían en su esposa o esposo.

También *pistos* se entiende de forma subjetiva como confiado, que cree, que es verdadero, que no es rebelde. Una persona fiel es alguien que es creyente, que confía en el Señor, que vive en obediencia al Señor. Es tan necesario que el cónyuge sea tan fiel al Señor en su vida como lo es su esposo o esposa que ocupa una posición de ministerio en la iglesia. Lo que nos hace confiables ante otros es que confiamos en Dios y vivimos en obediencia a su Palabra y a su voz.

Que gobiernen bien sus hijos y su casa

Con amor cristiano deben dedicarse con mucha sabiduría a criar a sus hijos en la fe cristiana, de manera que no sea cuestionado el hogar por razones de mala conducta.

Como la esposa debe tener el papel indicado en el v. 11 y ser un apoyo y fiel compañera de quien es cabeza de la familia, también el diácono debe gobernar bien a sus hijos.

Aquí puede surgir un problema cuando los hijos lleguen a ser mayores y a la vez sean rebeldes. Algunos diáconos se sienten impedidos de seguir como siervos del Señor de manera oficial en la iglesia y renuncian al cargo. Otros no se sienten impedidos y, en algunos casos, sus hijos rebeldes les desautorizan como servidores de ejemplo en la iglesia. De todos modos el principio espiritual es que si hay desorden y poca disciplina en el hogar, entonces estamos frente a un escenario que no permite que el obrero sea efectivo como siervo de Cristo ocupando el cargo asignado con eficacia. Es importante recordar que nunca ministramos más allá de la salud de nuestra propia familia.

Que gobierne bien su casa, teniendo a sus hijos sujetos con toda dignidad (pues si un hombre no sabe cómo gobernar su propia casa, ¿cómo podrá cuidar de la iglesia de Dios?)

(1 Timoteo 3:4-5, LBLA).

Capítulo 3

Capítulo 3

Hijos, obedeced a vuestros padres en el Señor, porque esto es justo. HONRA A TU PADRE Y A TU MADRE (que es el primer mandamiento con promesa), PARA QUE TE VAYA BIEN, Y PARA QUE SEAS DE LARGA VIDA SOBRE LA TIERRA. Y vosotros, padres, no provoquéis a ira a vuestros hijos, sino criadlos en la disciplina e instrucción del Señor

(Efesios 6:1-4, LBLA).

CUALIDADES DOCTRINALES

Que guarden el misterio de la fe con limpia conciencia

(1 Timoteo 3:9).

Este misterio de la fe que el apóstol señala es una verdad antes escondida pero ahora revelada. El diácono fiel no solo posee la fe, sino la conserva y la practica de manera que hace buen uso de ella. Aquí entra la responsabilidad de ser un buen mayordomo del mensaje del evangelio. El obrero acepta sin dudar, con limpia conciencia, la Palabra de Dios. Enseña la Biblia sin dudar. Acepta como autoridad suprema la Biblia y en especial el Nuevo Testamento. No debe sentir vergüenza por los distintivos doctrinales de la iglesia del Nuevo Testamento como el bautismo por inmersión de los regenerados, la necesidad del nuevo nacimiento, el simbolismo de los elementos de la cena del Señor, la salvación por la gracia de Dios por medio de la fe en la persona y la obra de Jesucristo, la responsabilidad de discipular y de proclamar el evangelio.

Ampliando lo mencionado, es esencial que el obrero guarde con limpia conciencia las siguientes doctrinas del Evangelio:

Capítulo 3

LAS SAGRADAS ESCRITURAS

Creemos que la Santa Biblia:

Es la Palabra del Dios viviente; verdadera, inmutable, firme, incambiable como su autor, el Señor.

Fue escrita por hombres santos de antaño conforme fueron inspirados por el Espíritu Santo.

Es una lámpara encendida para guiar los pies de un mundo perdido, desde las profundidades del pecado y miseria, hasta las cumbres de justicia y gloria.

Es un espejo claro que revela el rostro de un Salvador crucificado.

Es una cuerda de plomada para hacer recta la vida de cada individuo o comunidad.

Es una espada de dos filos para redargüir de pecado y maldad.

Es una cuerda fuerte de amor y de ternura para traer al penitente a Cristo Jesús.

Es el bálsamo de Galaad, con el aliento del Espíritu Santo, que puede sanar y vivificar al corazón doliente.

Es la única base verdadera de compañerismo y unidad cristiana.

Es el llamamiento de un Dios infinitamente amoroso.

Es la advertencia solemne, el trueno distante que avisa de la tormenta de ira y retribución que alcanzará al desobediente.

Es el aviso alerta del cielo.

Es la señal de peligro que advierte acerca del infierno.

Es el tribunal divino, supremo, y eterno por cuya norma todos los hombres, naciones, credos y motivos serán juzgados.

Capítulo 3

LA DEIDAD ETERNA

Creemos que:

Hay un solo Dios verdadero y viviente; creador del cielo y de la tierra y todo lo que en ellos hay; al Alfa y Omega, que siempre ha sido, que es y que siempre será por todos los siglos, Amén.

Es infinitamente santo, poderoso, tierno, amante y glorioso.

Es digno de todo el amor y honor, confianza y obediencia, majestad, dominio y poder, ahora y por todos los siglos.

En la unidad de la deidad hay tres divinas personas, iguales en toda perfección divina ejecutando distintos pero armoniosos oficios en la gran obra de redención:

El **Padre**: cuya gloria es tan eminentemente brillante que el hombre mortal no puede ver su rostro y vivir, pero cuyo corazón está tan lleno de amor y piedad hacia sus criaturas perdidas y entenebrecidas que bondadosamente dio a su unigénito Hijo para redimirlos y reconciliarlos consigo.

El **Hijo**: coexistente y coeterno con el Padre, quien, concebido por el Espíritu Santo y nacido de la virgen María tomó la forma de hombre, cargó nuestros pecados, y llevó nuestras dolencias, y por el derramamiento de su sangre preciosa sobre la cruz del Calvario compró la redención para todos aquellos que creyeran en Él. Luego, rompiendo las cadenas de la muerte y del infierno se levantó del sepulcro y ascendió a lo alto llevando cautiva la cautividad, para que como el gran mediador entre Dios y el hombre, Él pudiera estar a la diestra del Padre intercediendo por aquellos por quienes dio su vida.

El **Espíritu Santo**: la tercera persona de la deidad, el Espíritu del Padre derramado, omnipotente, omnipresente, llevando a cabo una misión tan importante en la tierra, redarguyendo de pecado, de justicia y trayendo a los pecadores al Salvador, reprendiendo, contendiendo, escudriñando, consolando, guiando, vivificando, enseñando, glorificando, bautizando y revistiendo con poder de lo alto a aquellos que se entregan a sus tiernas ministraciones, preparándolos para el gran día de la venida del Señor.

La caída del hombre

Creemos que el hombre fue creado a la imagen de Dios, delante del cual caminó en santidad y pureza. Pero que por desobediencia y transgresión voluntarias, el hombre cayó del Edén de pureza e inocencia hasta las profundidades de pecado e iniquidad. Como consecuencia de esto, toda la humanidad es pecadora, rendida a servidumbre de Satanás, pecadora no por fuerza sino por elección, formada en iniquidad y completamente vacía por naturaleza de esa santidad que la ley de Dios requiere. El hombre

caído es inclinado al mal, culpable y sin excusa. Es merecedor de la condenación de un Dios justo y santo.

El plan de redención

Creemos que siendo aún pecadores, Cristo murió por nosotros, el Justo por los injustos. Lo hizo voluntariamente y por disposición del Padre. Tomó el lugar del pecador, llevando sus pecados, recibiendo su condenación, sufriendo su muerte, pagando Él toda su culpa, y firmando –con su propia sangre– el indulto de todo aquel que creyere en Él con una fe sencilla y aceptando la redención comprada en la cruz del Calvario. Con este plan de redención, el más vil pecador, puede ser limpiado de sus iniquidades y hecho más blanco que la nieve.

Salvación por gracia

Creemos que la salvación de los pecadores es enteramente por gracia. No tenemos ninguna justicia

Capítulo 3

o bondad de nosotros mismos con las cuales podemos buscar el favor divino. Tenemos que venir, pues, descansando solamente en la gran misericordia y amor de Aquel que nos compró y nos lavó en su propia sangre, apelando a los méritos y a la justicia de Cristo el Salvador, confiando en su palabra y aceptando el don gratuito de su amor y perdón.

Arrepentimiento y aceptación

Creemos que con sincero arrepentimiento (dolor que es según Dios por el pecado) y una aceptación de todo corazón del Señor Jesucristo, los que claman a Él pueden ser justificados por la fe, por su preciosa sangre. Entonces, en lugar de condenación pueden tener la más bendita paz, seguridad y favor con Dios, que con brazos abiertos de misericordia y perdón el Salvador espera para recibir a cada penitente que con constricción sincera y súplica por misericordia, abre la puerta de su corazón para aceptarle como Señor y Rey.

El nuevo nacimiento

Creemos que el cambio que se verifica en el corazón y en la vida al tiempo de la conversión es real. El pecador nace de nuevo en una forma tan gloriosa y transformadora que "las cosas viejas pasaron y todas son hechas nuevas". Tanto que las cosas vanas –que antes amaba– ahora las aborrece; mientras que lo santo –que antes despreciaba– ahora lo ama y tiene por sagrado y precioso. Entonces, habiéndosele imputado la justicia del Redentor y habiendo recibido el Espíritu de Cristo, nuevos deseos, nuevas aspiraciones, nuevos intereses y una nueva perspectiva de la vida, el tiempo, y la eternidad, llenan el corazón del redimido de tal manera que ahora su deseo es confesar abiertamente al Maestro y servirle, buscando siempre las cosas que son de arriba.

Capítulo 3

EL REQUISITO DE SER PROBADO

... Sean sometidos a prueba primero, y entonces ejerzan el diaconado, si son irreprensibles... No impongas con ligereza las manos a ninguno, ni participes en pecados ajenos. Consérvate puro

(1 Timoteo 3:10; 5:22).

No queremos estorbar a los que son llamados a servir, pero al mismo tiempo, entendiendo que aquellos que sirven en el ministerio sirven a Dios e impactan y afectan la vida de otros, debemos ser responsables de habilitar a aquellos que por sus cualidades están equipados espiritual, personal, familiar y doctrinalmente para ser obreros.

Por eso es tan importante que en la iglesia tengamos una forma de probar a aquellos que van a servir en los equipos de ministerio y en el liderazgo ministerial.

El proceso de someter a prueba a alguien para ejercer el ministerio debe incluir 3 elementos:

Primero, **evaluación** de las cualidades espirituales, personales, familiares y doctrinales del candidato. Evaluar es el proceso por el cual se observan las cualidades que distingue al candidato como persona en particular. Si lo que le distingue honra al Padre, refleja a Jesús y muestra la llenura del Espíritu Santo, entonces tendremos a alguien 'irreprensible'. Es decir, a alguien que, aunque no es perfecto, en su forma de ser y en su conducta, revela las cualidades espirituales, personales, familiares y doctrinales que modelarán la vida nueva en Dios.

Segundo, **tiempo** para que las cualidades del candidato no sean simplemente evaluadas sino observables en las circunstancias reales de la vida. Por eso el apóstol dice que no hay que imponer con ligereza las manos. Sé que muchas veces

Capítulo 3

hay urgencia de obreros en las iglesias para que hagan el trabajo, pero esa urgencia no nos debe impulsar a cometer el error de poner a alguien en posiciones de ministerio donde, por no estar preparado como persona, cause más daño que beneficios a la obra y la vida de las personas.

Tercero, **cero condescendencia** con el candidato. Pablo enseñó que no debemos participar en pecados ajenos y conservarnos puros cuando habilitamos a alguien para el ministerio. Es decir, cada vez que ponemos o permitimos en la iglesia que alguien que está viviendo en pecado sirva en un ministerio, nos hacemos participantes con esa persona de su vida de pecado, especialmente el líder que lo habilita a servir.

Por eso, si al someter a alguien a prueba para el ministerio identificamos pecado en su vida, no podemos simplemente pedirle –por sus talentos y habilidades o porque es nuestro amigo o porque lo necesitamos– a que deje el pecado para que pueda servir en el ministerio. Debemos habilitarlo al ministerio para que no haya nada que reprocharle. Si llegáramos a encontrar una vida de pecado, no debemos descartarlo ni negar su capacidad de servicio o llamado en la iglesia, pero debemos iniciar un proceso de ministración y restauración que lo prepare y habilite para su servicio y llamado.

4
Las actitudes del obrero

En lo necesario, unidad; en la unidad libertad; y en todo comprensión.

SAN AGUSTÍN

Vestía con modestia, pero su actitud la convertía en modelo de gracia.

MARY SHELLEY

Debido a nuestra actitud, decidimos leer o no leer. Por nuestra actitud, decidimos intentar o darnos por vencidos. Por nuestra actitud, nos culpamos a nosotros mismos por nuestros errores, o culpamos tontamente a otros. Nuestra actitud determina si amamos u odiamos, decimos la verdad o mentimos, actuamos o posponemos, avanzamos o retrocedemos; y por nuestra propia actitud, nosotros, y sólo nosotros, decidimos si tendremos éxito o fallaremos.

Jim Rohn

Según el diccionario de la Lengua Española *actitud* es la postura del cuerpo humano, es la manifiesta

Capítulo 4

disposición del ánimo del individuo. Sus sinónimos son: disposición, gesto, posición, postura.

Para aquellos que se unan a la obra del Señor como obreros dispuestos a ser parte de un equipo que sirve a Dios se requiere que su actitud, es decir su disposición de ánimo, se caracterice por:

1. Vivir y servir bajo los principios espirituales de la sumisión.

2. Vivir y servir procurando la unidad.

El obrero sirve en la obra del Señor con la actitud que le habilita para servir más allá de su agenda personal, buscando la agenda de Dios para la iglesia donde sirve. Para eso debe crecer permanentemente en su entendimiento de lo que es ser seguidor antes que ser líder, de lo que significa ser sumiso antes que rebelde, de lo que significa ser adorador antes que ser un soñador, y de lo que significa servir desde la base de la unidad antes que desde la individualidad.

La sumisión

El obrero saludable sabe practicar la sumisión como virtud.

Hablar de sumisión es hablar de docilidad, humildad, mansedumbre, obediencia, fidelidad. Lo opuesto es desobediencia y deslealtad. La sumisión que el cristiano debe practicar según Efesios 5:21 al 6:9 está caracterizada por el *temor a Dios*. Debe ser *en el Señor y como para el Señor* y además debe ser *en ambos sentidos*. No tiene que ver solo con quién está bajo autoridad sino que tiene todo que ver también con quién está en autoridad.

Ambos, el que está en autoridad y el que está bajo autoridad, tienen una responsabilidad en la práctica de la sumisión. Por eso el apóstol Pablo no solo habla del respeto de la esposa hacia su marido amoroso, sino también del amor que el marido debe practicar para la esposa con respeto. Habla de la obediencia de los hijos pero también de la importancia que tiene que los padres no los provoquen a ira. Habla del sometimiento de los siervos a sus amos, pero también habla del trato de los amos a sus siervos.

Una dimensión no puede existir sin la otra. Cuando no existe una de las dos dimensiones de la sumisión, en cualquier nivel de relaciones, sean estas familiares, ministeriales o laborales, entonces la sumisión no existe, y en consecuencia no hay salud en esa relación.

Hay cuatro dimensiones en las que el cristiano vive la sumisión:

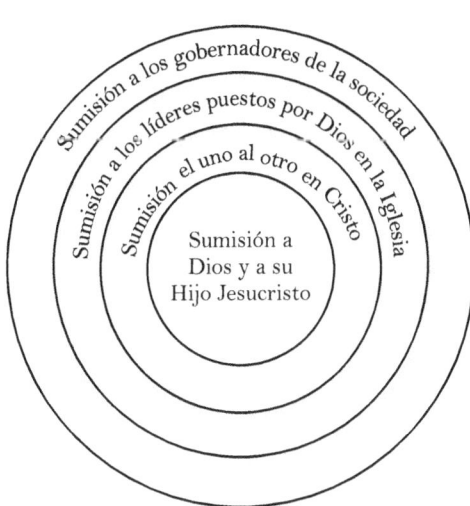

1. La sumisión a Dios, y a su Hijo Jesús. Efesios 5:24; Hebreos 2:8, 12:9; Santiago 4:7.

2. La sumisión el uno al otro en Cristo. Efesios 5:21–6:9; 1 Pedro 5:5.

3. La sumisión a los líderes puestos por Dios en la Iglesia. Hebreos 13:17; 1 Corintios 16:16; Filipenses 2:12; 1 Tesalonicenses 5:12-13.

Capítulo 4

Capítulo 4

4. La sumisión a los gobernadores de la sociedad, cuando tal sumisión no requiere desobediencia a la clara enseñanza de las Escrituras. Hechos 4:19-20, 5:29; Romanos 13:1-7; 1 Pedro 2:13-17.

Entendiendo cómo ser seguidores para poder ser líderes

Una de las principales virtudes de quienes viven y sirven bajo el principio espiritual de la sumisión es que saben ser segundos aunque son llamados a ser primeros. Entienden cómo seguir a quien Dios tiene en liderazgo hasta que ellos son llamados a liderar.

Y cuando decimos que es un seguidor, no anulamos su capacidad de ser líder, pero lo cierto es que antes de aprender a liderar hay que aprender a seguir. Los grandes líderes fueron primeros grandes seguidores. Si vemos la vida y ministerio de Josué –primero como el segundo de Moisés durante el peregrinaje en el desierto y luego como el líder que introdujo al pueblo en la tierra prometida– encontraremos que al ser él un seguidor fiel en el desierto, eso lo habilitó para ser un gran líder en la conquista de la tierra prometida. Josué supo ser segundo hasta que Dios lo llamó a ser primero. Algunas de sus características como segundo:

Seguía instrucciones y directrices

Entonces vino Amalec y peleó contra Israel en Refidim. Y dijo Moisés a Josué: Escógenos varones, y sal a pelear contra Amalec; mañana yo estaré sobre la cumbre del collado, y la vara de Dios en mi mano. E hizo Josué como le dijo Moisés, peleando contra Amalec; y Moisés y Aarón y Hur subieron a la cumbre del collado. Y sucedía que cuando alzaba Moisés su mano, Israel prevalecía; mas cuando él bajaba su mano, prevalecía Amalec. Y las manos de Moisés se cansaban;

Capítulo 4

por lo que tomaron una piedra, y la pusieron debajo de él, y se sentó sobre ella; y Aarón y Hur sostenían sus manos, el uno de un lado y el otro de otro; así hubo en sus manos firmeza hasta que se puso el sol. Y Josué deshizo a Amalec y a su pueblo a filo de espada

(Éxodo 17:8-13).

Y Josué hijo de Nun y Caleb hijo de Jefone, que eran de los que habían reconocido la tierra, rompieron sus vestidos, y hablaron a toda la congregación de los hijos de Israel, diciendo: La tierra por donde pasamos para reconocerla, es tierra en gran manera buena. Si Jehová se agradare de nosotros, él nos llevará a esta tierra, y nos la entregará; tierra que fluye leche y miel. Por tanto, no seáis rebeldes contra Jehová, ni temáis al pueblo de esta tierra; porque nosotros los comeremos como pan; su amparo se ha apartado de ellos, y con nosotros está Jehová; no los temáis

(Números 14:6-9).

El líder de un ministerio da órdenes espirituales y ministeriales. En este sentido sirviendo como parte de un ministerio bajo el liderazgo de otro obrero, se debe saber seguir directrices de trabajo e instrucciones. Si el obrero no sabe seguir instrucciones entonces hará cosas que no necesariamente están mal pero no es lo que se necesita para el cumplimiento de la tarea. Está claro que hay una diferencia entre la vida privada y el ministerio. Los líderes de un ministerio no dan órdenes personales o familiares, solo ministeriales.

PASABA TIEMPO EN LA PRESENCIA DE DIOS

Y hablaba Jehová a Moisés cara a cara, como habla cualquiera a su compañero. Y él volvía al

Capítulo 4

campamento; pero el joven Josué hijo de Nun, su servidor, nunca se apartaba de en medio del tabernáculo

(Éxodo 33:11).

Lo interesante de Josué es que su devoción por Dios no dependía de si el líder Moisés estaba o no, su devoción por Dios y el pasar tiempo en su presencia no estaban limitados al tiempo que Moisés pasaba con Dios.

Dejó que Dios lo escogiera y lo posicionara para ser el líder

Y Jehová dijo a Moisés: Toma a Josué hijo de Nun, varón en el cual hay espíritu, y pondrás tu mano sobre él; y lo pondrás delante del sacerdote Eleazar, y delante de toda la congregación; y le darás el cargo en presencia de ellos. Y pondrás de tu dignidad sobre él, para que toda la congregación de los hijos de Israel le obedezca. Él se pondrá delante del sacerdote Eleazar, y le consultará por el juicio del Urim delante de Jehová; por el dicho de él saldrán, y por el dicho de él entrarán, él y todos los hijos de Israel con él, y toda la congregación. Y Moisés hizo como Jehová le había mandado, pues tomó a Josué y lo puso delante del sacerdote Eleazar, y de toda la congregación; y puso sobre él sus manos, y le dio el cargo, como Jehová había mandado por mano de Moisés

(Números 27:18-23).

Esta es una virtud que todo obrero necesita cultivar. Hay una DISTANCIA de tiempo entre el día en que Dios te llama y el día en que Dios te entrega y posiciona en un ministerio y/o liderazgo.

Esperó que el líder le entregue la posición

Y dio orden a Josué hijo de Nun, y dijo: Esfuérzate y anímate, pues tú introducirás a los hijos de Israel en la tierra que les juré, y yo estaré contigo... Y Josué hijo de Nun fue lleno del espíritu de sabiduría, porque Moisés había puesto sus manos sobre él; y los hijos de Israel le obedecieron, e hicieron como Jehová mandó a Moisés

(Deuteronomio 31:23; 34:9).

Josué supo desde el principio que sería el sucesor de Moisés, sin embargo nunca buscó competir u ocupar el lugar de Moisés. Hay quienes aludiendo al hecho de que Dios les habló que el ministerio que otro tiene es el que ellos ocuparán, lo toman por la fuerza o por medios humanos. Estos son los que causan divisiones. Cuando Dios te asigna algo, hay que esperar a que Dios te lo entregue. David sabía que Dios lo había ungido como rey de Israel pero nunca hizo nada en contra de Saúl; al contrario, siempre lo honró como el ungido del Señor para liderar al pueblo. No importa cuánto pienses que el líder deberías ser tú o que el líder actual está equivocado, nunca tomes nada hasta que sea el tiempo de Dios.

Fue animado por el Señor

Aconteció después de la muerte de Moisés siervo de Jehová, que Jehová habló a Josué hijo de Nun, servidor de Moisés, diciendo: Mi siervo Moisés ha muerto; ahora, pues, levántate y pasa este Jordán, tú y todo este pueblo, a la tierra que yo les doy a los hijos de Israel. Yo os he entregado, como lo había dicho a Moisés, todo lugar que pisare la planta de vuestro pie. Desde el desierto y el Líbano hasta el gran río Éufrates, toda la tierra de los heteos hasta el gran mar donde se pone

Capítulo 4

Capítulo 4

el sol, será vuestro territorio. Nadie te podrá hacer frente en todos los días de tu vida; como estuve con Moisés, estaré contigo; no te dejaré, ni te desampararé. Esfuérzate y sé valiente; porque tú repartirás a este pueblo por heredad la tierra de la cual juré a sus padres que la daría a ellos. Solamente esfuérzate y sé muy valiente, para cuidar de hacer conforme a toda la ley que mi siervo Moisés te mandó; no te apartes de ella ni a diestra ni a siniestra, para que seas prosperado en todas las cosas que emprendas. Nunca se apartará de tu boca este libro de la ley, sino que de día y de noche meditarás en él, para que guardes y hagas conforme a todo lo que en él está escrito; porque entonces harás prosperar tu camino, y todo te saldrá bien. Mira que te mando que te esfuerces y seas valiente; no temas ni desmayes, porque Jehová tu Dios estará contigo en dondequiera que vayas

(Josué 1:1-9).

En el ministerio he visto personas que me animan a hacer cosas para Dios, pero es cuando Dios te dice que no tengas miedo, que te esfuerces y seas valiente, que sabes que es tu tiempo para hacer lo que Dios te llamó a hacer. Cuando las personas nos hablan, lo hacen desde sus buenas intenciones (y a veces no son tan buenas). Pero cuando Dios nos habla, lo hace desde su perfecta voluntad y decisión para nuestra vida y ministerio.

FUE UN CONTINUADOR

Entonces edificó Josué un altar al SEÑOR, Dios de Israel, en el monte Ebal, tal como Moisés, siervo del SEÑOR, había ordenado a los hijos de Israel, como está escrito en el libro de la ley de Moisés, un altar de piedras sin labrar, sobre las cuales nadie había alzado herramienta de hierro; y sobre él ofrecieron

Capítulo 4

holocaustos al Señor, y sacrificaron ofrendas de paz. Y escribió allí, sobre las piedras, una copia de la ley que Moisés había escrito, en presencia de los hijos de Israel. Todo Israel, con sus ancianos, oficiales y jueces, estaba de pie a ambos lados del arca delante de los sacerdotes levitas que llevaban el arca del pacto del Señor, tanto el forastero como el nativo. La mitad de ellos estaba frente al monte Gerizim, y la otra mitad frente al monte Ebal, tal como Moisés, siervo del Señor, había ordenado la primera vez, para que bendijeran al pueblo de Israel. Después Josué leyó todas las palabras de la ley, la bendición y la maldición, conforme a todo lo que está escrito en el libro de la ley. No hubo ni una palabra de todo lo que había ordenado Moisés que Josué no leyera delante de toda la asamblea de Israel, incluyendo las mujeres, los niños y los forasteros que vivían entre ellos

(Josué 8:30-35, LBLA).

Hoy en día en la iglesia tenemos escasez de continuadores y nos sobran líderes egocéntricos que quieren comenzar sus propios ministerios. Quieren su nombre en el comienzo. Josué sabía que su tarea no era comenzar desde el principio sino comenzar desde Moisés, cuando él había terminado su tarea. Por eso una y otra vez el pasaje dice "*tal como Moisés lo había ordenado*".

Lección que aprendió del mismo Moisés, porque cuando el pueblo de Israel se mostró rebelde y Dios le ofreció a Moisés destruirlos y darle un pueblo a él a través del cual cumplir con su misión, Moisés se negó e intercedió por el pueblo de Abraham. Aunque era una oferta irresistible la idea de que fuera el pueblo de Moisés en lugar del pueblo de Abraham, Moisés sabía que era un continuador en la historia de Dios sobre ese pueblo. Por eso lo llevó a la historia y le recordó a Dios sus promesas a Abraham y le hizo ver la burla que sería para los de afuera que el pueblo

Capítulo 4

perezca. ¡Qué diferente a muchos casos hoy en las iglesias! A veces algunos prefieren que un ministerio se cierre y que sea la burla de los inconversos para empezar algo con el nombre propio, en lugar de pagar el precio espiritual de la intercesión para que lo que Dios ha comenzado el diablo no lo destruya.

Dijo más Jehová a Moisés: Yo he visto a este pueblo, que por cierto es pueblo de dura cerviz. Ahora, pues, déjame que se encienda mi ira en ellos, y los consuma; y de ti yo haré una nación grande. Entonces Moisés oró en presencia de Jehová su Dios, y dijo: Oh Jehová, ¿por qué se encenderá tu furor contra tu pueblo, que tú sacaste de la tierra de Egipto con gran poder y con mano fuerte? ¿Por qué han de hablar los egipcios, diciendo: Para mal los sacó, para matarlos en los montes, y para raerlos de sobre la faz de la tierra? Vuélvete del ardor de tu ira, y arrepiéntete de este mal contra tu pueblo. Acuérdate de Abraham, de Isaac y de Israel tus siervos, a los cuales has jurado por ti mismo, y les has dicho: Yo multiplicaré vuestra descendencia como las estrellas del cielo; y daré a vuestra descendencia toda esta tierra de que he hablado, y la tomarán por heredad para siempre. Entonces Jehová se arrepintió del mal que dijo que había de hacer a su pueblo

(Éxodo 32:9-14).

Pablo lo entendía también de esta manera y lo explica así:

Porque nosotros somos colaboradores de Dios, y vosotros sois labranza de Dios, edificio de Dios. Conforme a la gracia de Dios que me ha sido dada, yo como perito arquitecto puse el fundamento, y otro edifica encima; pero cada uno mire cómo sobreedifica

(1 Corintios 3:9-10).

Cada vez que comiences a servir en un ministerio recuerda que tu liderazgo o participación debe ser para contribuir a lo que Dios ya ha estado haciendo allí y a través de ellos antes que tú llegaras.

Así que, lo primero que debes hacer es prestarle atención al corazón de Dios para ese ministerio. Por eso pregunta: ¿Por qué Dios lo comenzó? ¿Cuál es el propósito de Dios con ese ministerio? ¿Qué ha estado haciendo el Señor en las vidas y a través de las vidas de los que han sido parte y de los que todavía son parte? ¿Por qué hacen lo que hacen? ¿Por qué lo hacen como lo hacen? ¿Por qué se llama como se llama?

Cuando tienes las respuestas a preguntas como estas, entonces estarás escuchando con mayor claridad cuál es tu tarea para contribuir y no para destruir, para corregir lo que necesite ser corregido y no anular todo lo que ya se ha hecho; y para continuar construyendo sobre lo que otros ya han construido, y no volver a comenzar todo de nuevo.

Unidad

El obrero saludable es un promotor de la unidad con su estilo de vida y con la tarea que realiza.

La unidad es la propiedad de algo que es indivisible. Es la propiedad que tiene la iglesia de no dividirse, fragmentarse o destruirse. Tal vez no todo lo podemos solucionar, pero sí podemos asegurarnos de trabajar para que cuando algo venga contra nosotros la iglesia siempre esté unida para luchar y trabajar por una solución, por la victoria del Señor.

Sabiendo Jesús los pensamientos de ellos, les dijo: Todo reino dividido contra sí mismo, es asolado, y toda ciudad o casa dividida contra sí misma, no permanecerá

(Mateo 12:25).

Capítulo 4

Capítulo 4

¡Mirad cuán bueno y cuán delicioso es habitar los hermanos juntos en armonía! Es como el buen óleo sobre la cabeza, el cual desciende sobre la barba, la barba de Aarón, y baja hasta el borde de sus vestiduras; como el rocío de Hermón, que desciende sobre los montes de Sion; porque allí envía Jehová bendición, y vida eterna

(Salmos 133).

Unidad no es uniformidad. La unidad es la acción intencional de los individuos de estar junto a los demás que son diferentes a él, en carácter, en personalidad, en costumbres, en virtudes, en habilidades, en gustos.

Yo pues, preso en el Señor, os ruego que andéis como es digno de la vocación con que fuisteis llamados, con toda humildad y mansedumbre, soportándoos con paciencia los unos a los otros en amor, solícitos en guardar la unidad del Espíritu en el vínculo de la paz

(Efesios 4:1-3).

La unidad es un proceso. Comienza a trabajar por la unidad y no te desesperes, porque si la familia está fraccionada, unirla va a llevar un proceso de sanidad y de restauración. Un proceso donde alguien en la casa abre la puerta y le dice al Señor yo comienzo pero te pido que deposites esta necesidad de estar unidos en cada miembro de mi familia. De manera que comencemos a construir ese elemento que hace que aunque venga la tormenta más fuerte y golpee con ímpetu contra la casa, esta no sea destruida.

Y por ellos yo me santifico a mí mismo, para que también ellos sean santificados en la verdad. Mas no ruego solamente por éstos, sino también por los que han de creer en mí por la palabra de ellos

(Juan 17:19-20).

LAS 8 CARACTERÍSTICAS DE LA UNIDAD EN LA IGLESIA Y EN SUS MINISTERIOS:

1. Unidad es la gloria de Jesús con nosotros.

La gloria que me diste, yo les he dado, para que sean uno, así como nosotros somos uno

(Juan 17:22).

- ¿Cuál es la gloria que Jesús recibió del Padre y que ahora nos ha dado a nosotros?

- ¿Cómo la gloria de los hombres puede estorbar a la unidad de la iglesia?

Capítulo 4

Capítulo 4

2. Unidad es la presencia de Jesús en y entre nosotros.

Yo en ellos, y tú en mí, para que sean perfectos en unidad, para que el mundo conozca que tú me enviaste, y que los has amado a ellos como también a mí me has amado

(Juan 17:23).

- ¿Cómo es que Jesús está en y entre nosotros?

- ¿Cómo la presencia de Jesús debe gobernar la unidad de la iglesia?

Capítulo 4

3. Unidad es fe común en el conocimiento del Hijo de Dios.

Y él mismo constituyó a unos, apóstoles; a otros, profetas; a otros, evangelistas; a otros, pastores y maestros, a fin de perfeccionar a los santos para la obra del ministerio, para la edificación del cuerpo de Cristo, hasta que todos lleguemos a la unidad de la fe y del conocimiento del Hijo de Dios, a un varón perfecto, a la medida de la estatura de la plenitud de Cristo; para que ya no seamos niños fluctuantes, llevados por doquiera de todo viento de doctrina, por estratagema de hombres que para engañar emplean con astucia las artimañas del error, sino que siguiendo la verdad en amor, crezcamos en todo en aquel que es la cabeza, esto es, Cristo, de quien todo el cuerpo, bien concertado y unido entre sí por todas las coyunturas que se ayudan mutuamente, según la actividad propia de cada miembro, recibe su crecimiento para ir edificándose en amor

(Efesios 4:11-16).

- ¿Qué es la unidad de la fe? ¿Cómo se deben ejercer los ministerios para que toda la iglesia llegue a la unidad de la fe del conocimiento del Jesús?

Capítulo 4

- ¿Cómo ese conocimiento nos une?

4. Unidad es tener una misma mente y un mismo parecer.

Fiel es Dios, por el cual fuisteis llamados a la comunión con su Hijo Jesucristo nuestro Señor. Os ruego, pues, hermanos, por el nombre de nuestro Señor Jesucristo, que habléis todos una misma cosa, y que no haya entre vosotros divisiones, sino que estéis perfectamente unidos en una misma mente y en un mismo parecer. Porque he sido informado acerca de vosotros, hermanos míos, por los de Cloé, que hay entre vosotros contiendas. Quiero decir, que

Capítulo 4

cada uno de vosotros dice: Yo soy de Pablo; y yo de Apolos; y yo de Cefas; y yo de Cristo. ¿Acaso está dividido Cristo? ¿Fue crucificado Pablo por vosotros? ¿O fuisteis bautizados en el nombre de Pablo?

(1 Corintios 1:9-13).

- ¿Cuál era el problema de la iglesia en Corinto en el momento en que Pablo escribe esta carta?

- ¿Qué quiere decir: 'estéis perfectamente unidos en una misma mente y en un mismo parecer'?

Capítulo 4

5. Unidad es integrar y no echar al otro.

Mas los fariseos, al oírlo, decían: Este no echa fuera los demonios sino por Beelzebú, príncipe de los demonios. Sabiendo Jesús los pensamientos de ellos, les dijo: Todo reino dividido contra sí mismo, es asolado, y toda ciudad o casa dividida contra sí misma, no permanecerá. Y si Satanás echa fuera a Satanás, contra sí mismo está dividido; ¿cómo, pues, permanecerá su reino? Y si yo echo fuera los demonios por Beelzebú, ¿por quién los echan vuestros hijos? Por tanto, ellos serán vuestros jueces. Pero si yo por el Espíritu de Dios echo fuera los demonios, ciertamente ha llegado a vosotros el reino de Dios

(Mateo 12:24-28).

• ¿Qué acciones o actitudes mías le dicen al otro que no lo quiero en la casa?

_____
_____
_____
_____
_____
_____
_____

• ¿Qué actitudes mías le hacen sentirse al otro bienvenido o rechazado?

_____
_____
_____
_____

Capítulo 4

6. Unidad es habitar juntos en armonía.

¡Mirad cuán bueno y cuán delicioso es habitar los hermanos juntos en armonía! Es como el buen óleo sobre la cabeza, el cual desciende sobre la barba, la barba de Aarón, y baja hasta el borde de sus vestiduras; como el rocío de Hermón, que desciende sobre los montes de Sion; porque allí envía Jehová bendición, y vida eterna

(Salmos 133:1-3).

- ¿Qué es armonía?

- ¿Qué acciones o actitudes o prejuicios míos destruyen la armonía en el grupo?

Capítulo 4

7. Unidad es estar de acuerdo.

A vosotros solamente he conocido de todas las familias de la tierra; por tanto, os castigaré por todas vuestras maldades. ¿Andarán dos juntos, si no estuvieren de acuerdo? ¿Rugirá el león en la selva sin haber presa? ¿Dará el leoncillo su rugido desde su guarida, si no apresare?

(Amós 3:2-4).

- ¿Quiero estar de acuerdo con los demás?

- ¿Qué necesito preguntar para entender y ponerme de acuerdo?

_____

_____

_____

_____

_____

_____

_____

8. Unidad es orar juntos.

> *Entonces volvieron a Jerusalén desde el monte que se llama del Olivar, el cual está cerca de Jerusalén, camino de un día de reposo. Y entrados, subieron al aposento alto, donde moraban Pedro y Jacobo, Juan, Andrés, Felipe, Tomás, Bartolomé, Mateo, Jacobo hijo de Alfeo, Simón el Zelote y Judas hermano de Jacobo. Todos éstos perseveraban unánimes en oración y ruego, con las mujeres, y con María la madre de Jesús, y con sus hermanos... Pedro y Juan subían juntos al templo a la hora novena, la de la oración*
>
> *(Hechos 1:12-14; 3:1).*

- ¿Qué tan importante es para mí orar junto con mis hermanos?

_____

_____

_____

_____

Capítulo 4

Capítulo 4

• ¿Qué necesito cambiar o que debería dejar de hacer para pasar más *tiempo orando junto con mis hermanos?*

sesión 2

Los roles del obrero

5. Introducción
6. El obrero enseñando
7. El obrero discipulando
8. El obrero ministrando

5

Introducción

El obrero entiende que su ministerio en la obra del Señor tiene que ver de forma primaria con las personas y por consiguiente se desarrolla en un 'contexto relacional' de enseñanza, discipulado, ministración y liderazgo.

Más allá del título que ostenta o la posición que ocupa en la estructura organizacional de la iglesia, el obrero saludable debe hacer su trabajo cultivando sus relaciones en funciones de cuatro roles ministeriales:

1. Enseñar – comunicando el mensaje de la Palabra.

2. Discipular – modelando la vida en la Palabra.

3. Ministrar – manifestando el poder de la Palabra.

4. Liderar – guiando al pueblo de la Palabra.

El obrero saludable que desarrolla *inteligencia relacional* en su tarea ministerial sabe que hay un proceso secuencial en su capacidad de influenciar con la Palabra a los demás.

Primero se enseña la verdad, luego se modela ayudando a vivir esa verdad. En el camino se ayuda a que esa verdad cobre vida siendo usado por Dios

Capítulo 5

para traer libertad, sanidad, consejo. Para finalmente estar en una relación de líder-seguidor donde se sirve junto al Señor en la tarea asignada.

El obrero debe considerarse un trabajador que se expresa en la comunidad de creyentes a la que pertenece y en el equipo ministerial o laboral donde sirve, como un:

- **Alumno y maestro** – participando de, y permitiendo, la enseñanza de la Palabra, porque siempre está siendo enseñado y siempre está enseñando.

- **Discípulo y discipulador** – participando de, y permitiendo, la formación personal, porque siempre está siendo formado y siempre está formando.

- **Miembro y ministro** – participando del, y permitiendo, el obrar de Dios, porque siempre está siendo ministrado y siempre está ministrando.

- **Seguidor y líder** – participando de, y permitiendo, la conducción del grupo, porque siempre está siendo guiando y siempre está guiando.

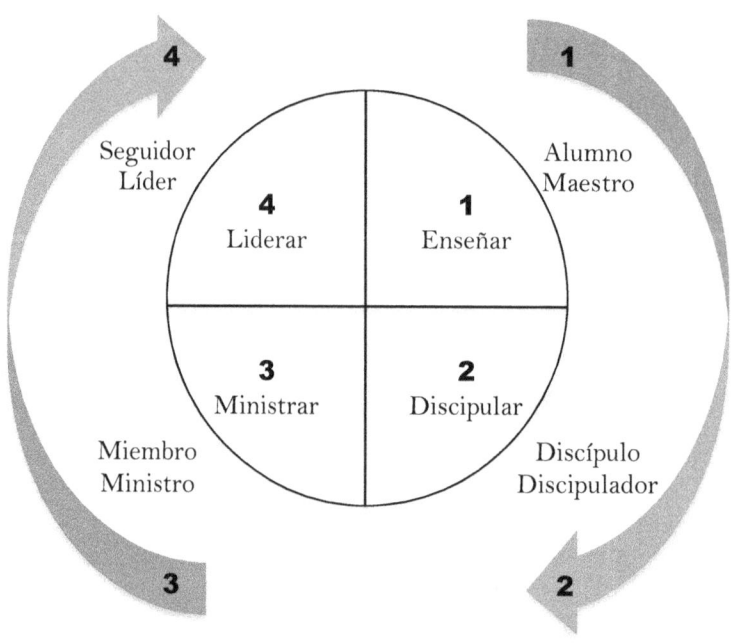

6

El obrero enseñando

Y Jesús se acercó y les habló diciendo: Toda potestad me es dada en el cielo y en la tierra. Por tanto, id, y haced discípulos a todas las naciones, bautizándolos en el nombre del Padre, y del Hijo, y del Espíritu Santo; enseñándoles que guarden todas las cosas que os he mandado; y he aquí yo estoy con vosotros todos los días, hasta el fin del mundo. Amén

(Mateo 28:18-20).

Tú, pues, hijo mío, esfuérzate en la gracia que es en Cristo Jesús. Lo que has oído de mí ante muchos testigos, esto encarga a hombres fieles que sean idóneos para enseñar [didasko] también a otros

(2 Timoteo 2:1-2).

Gr. didasko – enseñar, tener una discusión con otros en función de instruirles, dar un discurso didáctico, ser un maestro, para desempeñar el cargo de un profesor, conducirse uno mismo como un maestro, enseñar a alguien para impartirle instrucción, inculcarle la doctrina, lo que se permite o se prohíbe, para explicar o exponer una cosa, para enseñarle algo.

Capítulo 6

El obrero saludable entiende que su labor de edificar vidas comienza con enseñar la verdad que hace libre. Nadie puede avanzar a nuevas dimensiones de esta vida nueva que tenemos en Jesús si primero no es libre. La palabra libertad tiene que ver con el interior de la persona. Libre de aquellos conceptos que te mantienen cegado o limitado para saber dónde está la vida.

EL OBRERO SALUDABLE ENTIENDE QUE:

La Escritura es la fuente de enseñanza del obrero.

Toda la Escritura es inspirada por Dios y útil para enseñar, para redargüir, para corregir, para instruir en justicia, a fin de que el hombre de Dios sea perfecto, enteramente preparado para toda buena obra

(2 Timoteo 3:16-17).

La responsabilidad del obrero como un ministro de la Palabra es manejar bien la Palabra de Dios.

Procura con diligencia presentarte a Dios aprobado, como obrero que no tiene de qué avergonzarse, que usa bien la palabra de verdad

(2 Timoteo 2:15).

Para enseñar la Palabra con autoridad se necesita que el obrero tenga un balance de ciertas cualidades. Pablo le dice a Timoteo que necesitaba buscar hombres *"fieles que sean idóneos para enseñar también a otros"* (2 Timoteo 2:2). Ser fiel a Dios es hacer lo que Dios espera que hagamos, y comportarnos como Dios espera que nos comportemos.

Además, el apóstol utiliza la palabra "idóneos", que es traducido del griego *ihkanós*, que tiene las siguientes connotaciones:

- *"de llegar a ser semejante a"* – Es decir, los que servimos al Señor somos gente que estamos cada día en el proceso de ser semejantes a Jesús y por ende ese crecimiento constante nos habilita a ejercer el llamado y la tarea que se nos ha encomendado.

- *"apropiado en carácter"* – Es decir, los que servimos al Señor somos gente que tenemos un conjunto de cualidades que nos habilitan para ejercer el llamado y la tarea que se nos ha encomendado.

- *"competencia"* – Es decir, que los que servimos al Señor somos gente que tenemos un conjunto de competencias que nos habilitan para ejercer el llamado y la tarea que se nos ha encomendado.

Capítulo 6

En el contexto histórico-inmediato, cuando Pablo le dice a Timoteo *"idóneos para enseñar a otros"* no está hablando sólo de las competencias de esos hombres para transmitir la verdad recibida a otros, sino que está pensando además en el carácter de aquellos que van a ser portadores de la verdad recibida para depositarlas en otros.

Note los siguientes pedidos de Pablo a Timoteo y a Tito[1]:

- *"te rogué que te quedases en Éfeso… para que **mandases** a algunos que no enseñen diferente doctrina"*

- *"Esto **manda** y enseña"*, *"ocúpate en la lectura, la **exhortación** y la enseñanza"*

- *"Ten cuidado de ti mismo y de la doctrina; **persiste** en ello"*

- ***"No reprendas al anciano, sino exhórtale como a padre; a los más jóvenes,***

---

[1] 1 Timoteo 1:3-4; 4:11, 13, 16, 5:1-2, 6:3-5, 17-21; 2 Timoteo 1:8, 13, 2:14-16, 23-26, 3:14, 4:1-7; Tito 1:5, 9-14. 2:1, 6-10, 15, 3:1, 8-11. Las negritas son énfasis añadido.

Capítulo 6

como a hermanos; a las ancianas, como a madres; a las jovencitas, como a hermanas, con toda pureza"

• *"a los ricos de este siglo* **manda** *que no sean altivos"*

• *"guarda lo que se te ha encomendado,* **evitando** *las profanas pláticas"*

• **"no te avergüences de dar testimonio** *de nuestro Señor"*

• **"Retén la forma de las sanas palabras** *que de mí oíste"*

• **"Recuérdales** *esto,* **exhortándoles** *delante del Señor"*

• *"***evita profanas y vanas palabrerías,** *porque conducirán más y más a la impiedad"*

• *"que* **prediques** *la palabra; que* **instes a tiempo y fuera de tiempo; redarguye, reprende, exhorta con toda paciencia** *y doctrina"*

• *"Por esta causa te dejé en Creta, para que* **corrigieses lo deficiente"**

• *"***retenedor de la palabra fiel** *tal como ha sido enseñada, para que también pueda* **exhortar** *con sana enseñanza y* **convencer** *a los que contradicen"*

• *"***repréndelos duramente,** *para que sean sanos en la fe,* **no atendiendo a fábulas** *judaicas,* **ni a mandamientos de hombres** *que se apartan de la verdad"*

• *"***Exhorta** *a los siervos a que se sujeten a sus amos"*

• *"***Esto habla, y exhorta y reprende con toda autoridad"**

• *"***Recuérdales** *que se sujeten a los gobernantes y autoridades"*

- *"quiero que **insistas con firmeza**, para que los que creen en Dios procuren ocuparse en buenas obras"*

- *"**evita las cuestiones necias**, y genealogías, y contenciones, y discusiones acerca de la ley; porque son vanas y sin provecho"*

- *"Al hombre que cause divisiones, después de una y otra amonestación **deséchalo**, sabiendo que el tal se ha pervertido, y peca y está condenado por su propio juicio"*

Es importante notar que *"enseñar a otros"* no solo tiene que ver con la exposición de un tema o tópico en la tranquilidad de un aula de clases o con la predicación de la Palabra desde un púlpito. Las anteriores citas tomadas de las cartas de Pablo a Timoteo y a Tito muestran claramente que ejercer el ministerio y enseñar la verdad requiere tanto de "carácter" como de "competencias" porque debemos servir y enseñar la verdad en medio de un contexto de vida y convivencia donde hay gente que ama a Dios y que necesita aprender para cambiar pero al mismo tiempo hay gente que no tiene temor de Dios y es pervertida. Estar en el ministerio siendo "aptos" e "idóneos" requiere de mucho carácter porque exige un estándar de conducta muy elevado. Lamentablemente hoy hemos perdido el equilibrio saludable cuando le damos mayor importancia a las competencias del ministro que a su carácter.

La conducta de una persona es la manifestación visible de su carácter. Por eso el mandamiento a Timoteo es: *"Porque el siervo del Señor no debe ser contencioso, sino amable para con todos, apto para enseñar, sufrido; que con mansedumbre corrija a los que se oponen"* (2 Timoteo 2:23-24). Y también por esta razón es que el mandamiento a Tito es: *"presentándote tú en todo como ejemplo de buenas obras; en la enseñanza mostrando integridad, seriedad, palabra sana e irreprochable"* (Tito 2:7-8).

7

El obrero discipulando

La palabra griega que se traduce como llamar, llamada o llamado –en el Nuevo Testamento y en la Septuaginta es '*kalein*'– está relacionada con:

El llamado a la salvación. Es un llamado al inconverso, al pecador. En este sentido está vinculado a la salvación (*sozein*) en 2 Timoteo 1:9; a la gracia (*charis*) en Gálatas 1:6,15; la esperanza (*elpis*) en Efesios 4:4; a la libertad (*eleutheria*) en Gálatas 5:13; y a la paz (*eirene*) en 1 Corintios 7:15; Colosenses 3:15. Este llamado es una forma de invitación (Mateo 11:28), de promesa (Juan 3:16) y de orden (Hechos 17:30).

El llamado al discipulado. El llamado al discipulado es para el creyente, para el hijo de Dios. En este sentido está vinculado al compañerismo (*koinonia*) en 1 Corintios 1:9; a ser santo (*kletoi hagioi*) en Efesios 1:5; a la santificación (*hagiasmos*) en 1 Tesalonicenses 4:7; y al ministerio en Lucas 6:12-13; Mateo 28:19.

Muchos aceptan el llamado a la salvación pero no quieren escuchar el llamado al discipulado. Porque el primero habla de recibir, el segundo de cambiar. Ambos llamamientos están ligados.

Capítulo 7

EL DISCIPULADO

Para entender a qué nos referimos cuando hablamos que el segundo rol de los obreros de la iglesia es el discipulado, es importante que definamos lo que el discipulado es para los seguidores de Jesús.

Mateo registra el momento en que Jesús le da el gran mandamiento a sus discípulos de la siguiente manera: **Jesús se acercó y dijo a sus discípulos** [mathetes]: *«Se me ha dado toda autoridad en el cielo y en la tierra. Por lo tanto, vayan y hagan discípulos [mathetes] de todas las naciones, bautizándolos en el nombre del Padre y del Hijo y del Espíritu Santo. Enseñen a los nuevos discípulos [mathetes]* **a obedecer** *todos los mandatos que les he dado. Y tengan por seguro esto: que estoy con ustedes siempre, hasta el fin de los tiempos* (Mateo 28:18-20, NTV, énfasis añadido).

Tomando como base este relato, definimos discipulado como *la relación que existe entre un discípulo de Jesús y un nuevo discípulo de Jesús, a través de la cual se le enseña al nuevo discípulo a obedecer los mandamientos de Jesús.* Si consideramos que discípulo se traduce del griego *mathetes*, que significa 'aprendiz', entonces podríamos decir que el discipulado es la *relación que existe entre un aprendiz de Jesús y un nuevo aprendiz de Jesús, y que a través de la cual se le enseña al nuevo aprendiz a obedecer los mandamientos de Jesús.*

En el discipulado cristiano hay dos aspectos a resaltar.

- Por un lado, todos somos discípulos/aprendices, donde los discípulos/aprendices nuevos son ayudados por los discípulos/aprendices de mayor tiempo con Jesús.

- Y por otro lado, el discipulado es el espacio de aprendizaje donde se enseña una vida de obediencia a los mandamientos de Jesús y a las verdades de la Palabra de Dios. La enseñanza de la Palabra provee conocimiento, pero el discipulado cultiva obediencia y devoción.

El discipulado "en el judaísmo rabínico... a través de un tiempo de aprendizaje que incluía un tiempo de reunión formal y métodos pedagógicos como preguntas y respuestas, instrucción, repetición y memorización, el discípulo crecería en su devoción al maestro y sus enseñanzas. A su tiempo, el discípulo transmitiría las tradiciones a otros".²

Un discipulado necesita los siguientes elementos:

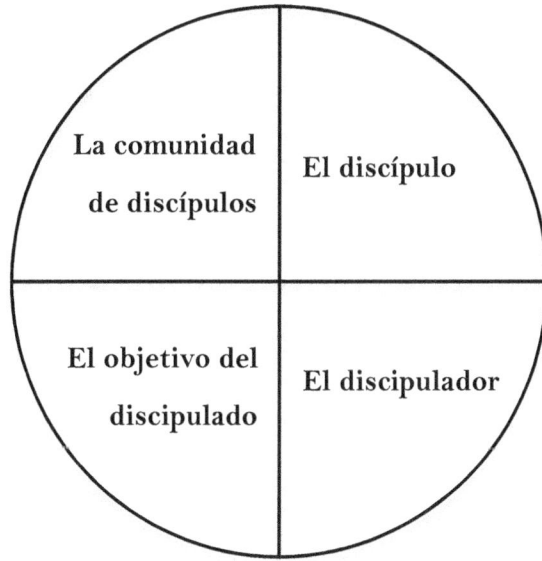

El discípulo

Discípulo, discípula del gr. *mathetes, mathetria*³ significa literalmente aprendiz o pupilo. Uno que aprende a través del pensamiento acompañado de esfuerzo. Se refiere a uno que sigue las enseñanzas de otro. Un discípulo no es meramente uno que aprende, sino un partidario.

Cuando hablamos sobre la importancia de ser discípulos y no solo seguidores de Jesús, entonces todos debemos responder a la siguiente pregunta: ¿Qué somos? ¿Seguidores o discípulos? Los seguidores

---
2 *Diccionario Bíblico Ilustrado Holman.*
3 *Vine, diccionario expositivo.*

Capítulo 7

se encuentran en la multitud y su ánimo varía con el ánimo de la multitud, pero los discípulos están en todo momento cerca del Señor (Juan 6). Jesús en lugar de presentar el evangelio como oferta lo presentó como demanda (Mateo 4:17-20, 8:19-22) y los discípulos son aquellos que están disponibles para escuchar esas demandas. Pedro, Andrés y los que decían querer seguir a Jesús, no fueron obligados a hacerlo, sino que ellos voluntariamente respondieron a las demandas del discipulado. Es claro que no todos los llamados fueron escogidos (Mateo 22:14). Jesús solamente presentó las demandas y dificultades del discipulado y las personas no dispuestas a enfrentar ese desafío se retiraron. En esto consistía la diferencia entre la multitud de oyentes y el pequeño grupo de discípulos. Hasta cierto punto el evangelio ofrece algo atractivo, pero para formar discípulos firmes es necesario enfrentar las demandas del discipulado. Hay que recordar que Jesús no dejó de trabajar con las multitudes pero Él supo claramente que la continuación de la obra dependía de ese grupo selecto de personas que podrían ser formadas al acompañarle en el diario vivir y en el hacer del ministerio.

El discipulador

Cuando formamos la vida de otros, es porque esos otros aceptan la invitación de estar con nosotros para ver cómo vivimos diariamente lo que enseñamos, encontrando en uno como discipulador el modelo a seguir para la vida con Jesús.

El discipulador es por sobre todo un discípulo de Jesús que vive la misión de Jesús, y que tiene la pasión de ver a otros viviendo como discípulos de Jesús, que obedecen lo que Jesús ha enseñado, y cumpliendo con la misión de Jesús.

Cuando prestamos atención a los Evangelios, encontramos que Jesús como discipulador, nos enseña las cuatro acciones estratégicas que todo discipulado debe saber ejecutar para que una persona llegue a ser discípulo y finalmente discipulador de otros.

Todo buen discipulador sabe cómo llamar, comisionar y guardar a su discípulo mientras le enseña a vivir amando a Jesús con todo su ser.

Jesús supo llamar

Mateo 4:19, 20, 8:18-22; Marcos 2:13-17, 3:13-19; Lucas 6:12-16; Juan 1:43-51.

Todo discipulado comienza con la capacidad del discipulador de saber llamar a otros a una relación de discipulado. La relación discípulo-discipulador tiene su mayor expresión de formación en el discípulo cuando esa reciprocidad proviene de una decisión propia del discipulador de invertir su vida y tiempo en ese discípulo. Al mismo tiempo, ese discípulo acepta y le da intencionalmente el permiso a ese discipulador de formar su carácter, sus conductas, sus actitudes y su llamado. Por eso es tan importante saber llamar, saber invitar a quienes van a ser nuestros discípulos. El llamado determina el éxito o el fracaso de una relación de discipulado.

Cuando Jesús llamó a sus discípulos...

1. Pasó tiempo en oración. La Escritura dice que *"... pasó la noche orando a Dios"*. Es que se trata de la lista de Dios y no de mi lista. Se trata de lo que Dios ve en alguien y no lo que yo veo en alguien. Escoger a quienes Dios ya escogió, es garantía de éxito en un proceso de discipulado.

2. Propuso una relación personal. Jesús los llamó *"para que estuviesen con él"*, y les dijo *"venid en pos de mí"*. El llamado requiere un elemento de relación personal. La gente no sigue organizaciones, sigue a personas. Cuando estás discipulando, estás liderando desde tu persona, no desde tu posición institucional. Todo llamado

Capítulo 7

Capítulo 7

al discipulado está basado no el programa a seguir sino en la persona a seguir. Está comprobado que quienes siguen un programa de discipulado salen con teoría pero pocos cambios en su persona. Pero quienes siguen a una persona que modela lo que enseña, llegan al final del proceso de discipulado transformados y preparados para ser quienes Dios los llamó a ser y hacer.

3. Estableció propósito en la relación de discipulado. Jesús los llamó *"para enviarlos a predicar"*, y les dijo *"os haré pescadores de hombres"*. El discipulado necesita tener una meta que cruzar, un propósito a cumplir, una dimensión que alcanzar en la vida y persona del discípulo. Cuando no existe claridad en esto, entonces la relación empieza a carecer de sentido, las instrucciones pierden su valor y la formación no tiene razón de ser, haciendo de la interacción discípulo-discipulador una rutina tediosa y tensa en muchos casos porque no se encuentra propósito a las enseñanzas, a las disciplinas y la direcciones que se dan en el proceso de formar. La pregunta clave es ¿para qué son mis discípulos?

4. Expresó las demandas del discipulado. Cuando Jesús los llamó les dijo *"el Hijo del Hombre no tiene dónde recostar su cabeza... deja que los muertos entierren a sus muertos... ninguno que poniendo su mano en el arado mira hacia atrás, es apto para el reino de Dios"*.

Todo proceso de discipulado tiene sus exigencias y sus sacrificios. Si invitas a alguien a una relación de discipulado basado en ofertas y oportunidades, será cuestión de tiempo para que esa persona te abandone y abandone el proceso de formación. Y la razón de ellos es porque su decisión de ser discípulo se basó en lo que quería obtener y no en lo que quisiera llegar a ser. Si es tu discípulo porque quiere vivir mejor en lugar de vivir en santidad, porque quiere ser líder en la iglesia en lugar de ser un siervo de Dios, entonces cuando en el proceso del discipulado no viva mejor o no lo trates como líder, te deja, porque no está obteniendo lo que anhelaba. Pero cuando está contigo porque quiere ser moldeado a la imagen de Jesús, está dispuesto pasar por lo que haya que pasar para ser como Jesús.

Jesús supo comisionar

Si llamar es importante, comisionar es necesario porque es a través de una forma saludable de comisionar que se habilita y empodera al discípulo para que llegue a **ser** y **hacer** lo que Dios lo llamó a **ser** y **hacer**.

Comisionar es dar órdenes, encargos y capacidades a otros para que ejecuten una asignación o tarea. Si llamas a otros para que sean tus discípulos porque les vas a formar para que sean como Jesús y cumplan con la misión de Jesús según el llamado personal de cada uno, entonces, ¿cómo los comisionarás de tal forma que cuando llegue el día de hacerlo solos, estén preparados para cumplir con su asignación de vida y de llamado?

Jesús siguió un proceso gradual para comisionar.

1. **Les comisionó tareas circunstanciales**. Les pidió que les dieran de comer a una multitud de miles con solo unos cuantos panes y pescados, enseñándoles a suplir las necesidades como un ministro de Dios lo haría y no como un líder natural. Permitió que estuvieran solos para liberar al muchacho endemoniado, enseñándoles cómo se liberan a las personas con el poder de Dios y no con las técnicas humanas.

Jesús nunca permitió que sus discípulos vieran y escucharan solamente, siempre fue intencional que ellos hicieran para que en el hacer pudiera mostrarles cómo lo hace un hijo de Dios, un siervo de Dios. Es claro que al principio los discípulos no sabían cómo hacerlo y se equivocaron,

Capítulo 7

Capítulo 7

pero nunca condenó, al contrario, siempre los corrigió para formarlos.

Las tareas circunstanciales son muchas veces tediosas para un discípulo pero son la base para su capacidad de hacer en el ministerio.

En la película Karate Kid el maestro le pidió al muchacho que entrenaba que pintara y que hiciera ciertas rutinas repetitivas. Al principio el alumno no entendía, porque él quería aprender a pelear. ¿Qué tiene que ver pintar con pelear? Hasta que un día esos movimientos que aparentemente no eran importantes se transformaron en reflejos necesarios para su defensa en una pelea de karate.

Cuántos abandonan sus clases de música porque no quieren lo tedioso del solfeo. Quieren tocar una canción desde el primer mes y eso no es posible. Pequeñas tareas van construyendo tu habilidad de hacer algo. Las tareas circunstanciales que asignamos a nuestros discípulos van construyendo acciones y actitudes individuales que finalmente forman un todo de nuestra forma de comportarnos y actuar en la vida y el ministerio.

2. Les comisionó tareas temporales. A las tareas circunstanciales le deben seguir las asignaciones temporales. Los envió de dos en dos en viajes misioneros a las ciudades a predicar el evangelio del Reino, para que luego volvieran y le contaran cómo les había ido. De esa forma Él tenía la oportunidad de corregir cualquier impresión errónea que el éxito o el fracaso del ministerio pudiera causarles. Los discípulos volvieron contando cómo los demonios se les sujetaban, y Él aprovechó para enseñarles que el verdadero gozo del servicio del obrero está en que nuestros nombres estén escritos en el libro de la vida, no en la sujeción que los demonios nos manifiesten.

Capítulo 7

Siempre es bueno cometer los primeros errores de la vida cristiana y del ministerio bajo la sombra y cuidado de un discipulador, porque cuando soy enviado a la tarea grande, podré hacerlo habiendo adquirido la sabiduría e inteligencia que proviene de la mentoría de mi discipulador.

Las comisiones temporales son las que van construyendo en el discípulo ese grado de independencia e interdependencia necesarias para la tarea grande que Dios tiene para él. En las tareas temporales lo dejas solo por un momento y entonces se ve obligado a poner en práctica lo que ha estado aprendiendo en las tareas circunstanciales sin que tú estés allí para ayudarle. Es cuando te reúnes con él que puedes conversar cómo le fue y cuáles fueron los resultados. Entonces podrás ayudarle a entender qué hacer o qué no hacer la próxima vez. Esta clase de comisiones van creando confianza en ellos mismos y dependencia de Dios y no de ti.

3. Les comisionó la tarea grande. Cuando los discípulos han pasado por las tareas circunstanciales y asignaciones temporales, ya crecido en madurez y sabiduría, llega el tiempo de ser comisionado a la gran tarea de vivir y cumplir con su llamado y asignación como hijos y ministros del Señor. La diferencia entre ministrar a una multitud y alcanzar una ciudad era grande, pero los discípulos pudieron cumplir el objetivo, pasaron el examen. Pero ahora llegaba el momento de la Gran Comisión. Ya no se trataba de un grupo de personas, de una ciudad o de una región, ahora se trataba del mundo entero. Ahora la comisión era *ir por todo el mundo y predicar el evangelio a toda criatura*. Aquí es donde el discípulo se entrega a la tarea por la cual fue discipulado, sabiendo que dedicado a cumplir su llamado hará con otros lo que hicieron con él, discipularlos para que cumplan el llamado de Dios sobre cada uno de ellos *"haciendo discípulos a todas las naciones"*.

Capítulo 7

El discipulado no sólo tiene que ver con lo que los discípulos escuchan y ven, también tiene mucho que ver con lo que los discípulos hacen. Sólo estarán listos para hacer la 'gran tarea' cuando han sido formados mediante las tareas circunstanciales y temporales. Estas, aunque parecieran que no tienen ninguna relación con la gran tarea, están formando paradigmas, actitudes y conductas que van a ser necesarias para el cumplimiento de la gran tarea asignada para la vida de cada uno de los que están siendo discipulados.

JESÚS SUPO GUARDAR A SUS DISCÍPULOS CON PACIENCIA

"Cuando estaba con ellos en el mundo, yo los guardaba en tu nombre; a los que me diste, yo los guardé, y ninguno de ellos se perdió, sino el hijo de perdición..."

(Juan 17:12).

Si miramos la clase de discípulos que Jesús tuvo, veremos que eran personas que tenían sus mañas, sus defectos y una tendencia a quedarse en el proceso de formación del discipulado. Pensemos en Pedro, "El Cambiante", "El Impulsivo"; o en Tomás "El Incrédulo"; o en Judas "El Traidor", o en el resto "Los que lo abandonaron".

En realidad los discípulos de Jesús tenían una tendencia a perderse y a abandonar el discipulado, pero Jesús supo guardarlos. Solo se perdió el que quiso perderse. Muchas veces los discípulos te van a fallar, van a cometer errores e incluso abandonarte y te va a dar muchos deseos de ahorcar a más de uno en el proceso, pero es allí donde como discipulador desarrollarás la capacidad de amarlos con paciencia. Jesús los guardó con paciencia mirando el corazón y el futuro de ellos.

Capítulo 7

1. Miró el corazón antes que escuchar sus palabras: *"Natanael dijo: ¿De Nazaret puede salir algo bueno?... Jesús dijo de él: He aquí un verdadero israelita, en quién no hay engaño".*

2. Miró lo que podían llegar a ser y no lo que eran: *"eran pescadores... os haré pescadores de hombres"; "vio a un publicano llamado Leví, sentado al banco de los tributos públicos, y le dijo: sígueme".*

Cuando estás discipulado a alguien debes tener mucho cuidado en donde está tu mirada, porque si miras lo que son y cómo actúan, al escuchar sus acciones, actitudes y palabras, te vas a frustrar, enojar y amargar. Pero si puedes mirar lo que Dios mira que van a llegar a ser y aprendes a conocer su corazón, encontrarás las fuerzas y el valor para seguir moldeando la vida de ellos y volver a empezar cada vez que sea necesario.

Jesús supo enseñar la lección más importante

Juan 21; 1 Corintios 13.

La lección más importante que un discípulo debe aprender es amar a Jesús como Jesús lo amó a él. Es en la manera en que amamos a Jesús que se define la forma en que amamos a los demás. Debemos velar para que aquellos a quienes estamos discipulando amen más al Señor de la iglesia que al trabajo que estén desarrollando.

Los dones dan efectividad a tu ministerio, pero el amor le da permanencia al ministerio. El amar a Jesús es fundamental para una vida de obediencia a la Palabra y para ser fieles en el llamado.

Capítulo 7

EL OBJETIVO DEL DISCIPULADO

"Hagan discípulos y enséñenles a obedecer todo lo que les he enseñado".

El discipulado tiene como objetivo formar aprendices obedientes a Jesús. El discipulado no es un programa de estudios abstractos, sino una relación en lo cotidiano donde se modela y se muestra cómo vivir obedientemente lo que hemos creído. Jesús no se encerraba con sus discípulos en un aula todos los días, sino que los llevaba por los caminos, montañas, lagos, pueblos y ciudades a predicar el evangelio, sanar enfermos y liberar a los oprimidos.

Jesús les dijo: *"Síganme. En lugar de pescar peces, les voy a enseñar a ganar seguidores para mí. En ese mismo instante, Pedro y Andrés dejaron sus redes y siguieron a Jesús"* (Mateo 4:19, 20, TLA). El discipulado es aceptar lo que Jesús te propone para la vida. Encontramos que la decisión inicial del discipulado de Pedro y Andrés significó, en sentido negativo, dejar sus redes. Y en sentido positivo, seguir a Jesús para "alcanzar aquello por lo que fueron alcanzados por Cristo". Cada persona, para participar del discipulado ministerial necesita dejar algo para seguir lo que Jesús le propone.

En el discipulado cristiano se forman aprendices obedientes que viven como Jesús, pero también, aprendices obedientes que viven la misión de Jesús, ganando almas y guiándolas a ser discípulos/aprendices de Jesús. El ser discípulo significa hacer discípulos. En Mateo 28:19 Jesús dijo: *"Por tanto id, y haced discípulos a todas las naciones"*. El discípulo no recibe los privilegios y promesas del reino de Dios para solamente beneficiarse de ellos, sino para guiar a otros y enseñarles cómo vivir bajo el señorío de Jesús.

La comunidad de discípulos

En el discipulado se convive con otros discípulos. El discípulo no solo se relaciona con Jesús, sino con los demás discípulos. Aprender de Jesús significa aprender a convivir en comunidad con los demás. La convivencia no es fácil. Mateo 18:1-5 nos dice que entre los discípulos del Señor había rivalidad y envidia. Cada uno quería saber quién sería el mayor en el reino de los cielos. Entre los discípulos Jesús tuvo que aun tratar el asunto de ambiciones personales. Nota las dinámicas relacionales que Jesús tuvo que enfrentar con los doce:

1. Cuando actuaban en conjunto: Todos se turbaron por un supuesto fantasma (Marcos 6:45-51). Todos tuvieron falta de fe (Lucas 8:22-25). Todos eran señores, nadie siervo (Juan 13:5). Todos le abandonaron y huyeron (Mateo 26:56).

2. Cuando actuaban como individuos relacionados con el grupo: Eran ventajistas (Mateo 20:20-24). Eran egoístas (Marcos 9:2-6). Eran vengativos (Lucas 9:51-56). Eran ladrones (Juan 12:1-6). Eran incrédulos (Juan 20:24-29). Eran celosos (Juan 21:15-23).

Cuando estudiamos la relación entre los discípulos de Jesús notamos que solamente la convivencia saludable se logra cuando aprendemos de nuestro maestro su amor, su humildad y su mansedumbre. Mi relación con mis semejantes demuestra qué tan cerca estoy de Jesús y qué tan discípulo soy de Jesús. La clave para una relación saludable es que aprendamos amar al otro como Jesús lo amaría: *"Un mandamiento nuevo os doy: Que os améis unos a otros; como yo os he amado, que también os améis unos a otros. En esto conocerán todos que sois mis discípulos, si tuviereis amor los unos con los otros (Juan 13:34-35).*

Capítulo 7

8

El obrero ministrando

El tercer rol del obrero es ministrar. Si lo ponemos en perspectiva, el trabajo primario de los obreros son las personas. Así que cualquiera sea la tarea asignada en la organización de la iglesia, siempre las personas son la prioridad. Jesús no se encarnó, murió y resucitó por un edificio, por un programa o por una organización religiosa, Él lo hizo por las personas para que sean salvas y tengan vida abundante y eterna. Y si nosotros somos obreros de su obra (la de Jesús), entonces nos debemos a esa tarea sublime de llevar la vida de Jesús a los demás a través de la enseñanza de la Palabra, añadiendo a la enseñanza el discipulado que cultiva la obediencia a la Palabra. Y mientras discipulamos debemos estar listos para ministrar a los que conociendo la Palabra y queriendo obedecerla necesitan la sanidad que los libera para vivir en esa dimensión de sumisión al Señor.

Ministro es el que sirve a Dios y en su ministerio (servicio a Dios) ministra a otros. **Ministrar** es la acción a través de la cual un ministro (una persona) es usado por el Señor a favor del individuo o los individuos, en el proceso por el cual Dios está trayendo un cambio de condición a él o ellos, contribuyendo así a su curación.

Curar es sanar, recobrar la salud, poner bien a una persona o a una parte de ella que está enferma. Es aplicar al enfermo los remedios correspondientes a

Capítulo 8

su enfermedad. **Sanar** es recobrar la salud. Hacer que alguien recobre la salud. Curar es el proceso por el cual el Señor trae un cambio de condición en el individuo o en los individuos.

El Espíritu de Dios está sobre mí, porque me eligió y me envió para dar buenas noticias a los pobres, para anunciar libertad a los prisioneros, para devolverles la vista a los ciegos, para rescatar a los que son maltratados y para anunciar a todos que: "¡Éste es el tiempo que Dios eligió para darnos salvación!" (Lucas 4:18-19, TLA).

Según este pasaje, cuando ministramos bajo la unción del Espíritu Santo Dios trae a las personas:

- Cambio de expectativas: *para dar buenas noticias a los pobres*

- Cambio emocional: *para rescatar a los que son maltratados*

- Cambio físico: *para devolverles la vista a los ciegos*

- Cambio espiritual: *para anunciar libertad a los prisioneros*

- Cambio de actitud: *para decir: "¡Éste es el tiempo que Dios eligió para darnos salvación!"*

El obrero es un ministro que ministra. Es decir, el obrero enseña la Palabra y discípula, pero también es un medio de Dios para tocar la vida del otro con sanidad y libertad.

Pasos prácticos para ministrar

Cada uno según el don que ha recibido, minístrelo a los otros, como buenos administradores de la multiforme gracia de Dios

(1 Pedro 4:10).

Capítulo 8

Cada uno de ustedes ha recibido de Dios alguna capacidad especial. Úsenla bien en el servicio a los demás

(1 Pedro 4:10, BPT).

El obrero debe aprender a cultivar un ambiente donde ministrar y no simplemente hacer de la ministración un acto aislado y desconectado de la persona que está ministrando.

Algunos pasos prácticos para ministrar desde la relación y no desde la acción nada más:

Primer paso, acepta al otro tal cual es aunque no estés de acuerdo con su condición. Si no existe una actitud de aceptación es muy difícil que el otro sea vulnerable y abra su corazón para ser ministrado y recibir salvación, sanidad y libertad.

Por eso, es necesario que se acepten unos a otros tal y como son, así como Cristo los aceptó a ustedes. Así, todos alabarán a Dios

(Romanos 15:7, TLA).

Segundo paso, saluda siempre.

Salúdense entre ustedes con mucho cariño y afecto. Todas las iglesias de Cristo les envían sus saludos

(Romanos 16:16, TLA).

Tercer paso, aprende a conversar en lugar de estar siempre monologando. Si no conversas nunca descubrirás el corazón y la realidad del otro. El diálogo ayuda a descubrir quién es realmente la otra persona.

Capítulo 8

No erréis; las malas conversaciones corrompen las buenas costumbres

(1 Corintios 15:33).

Hablen entre ustedes con salmos, himnos y cánticos espirituales, canten y alaben al Señor con el corazón, y den siempre gracias por todo al Dios y Padre, en el nombre de nuestro Señor Jesucristo

(Efesios 5:19-20, RVC).

Cuarto paso, respeta a la otra persona con tus palabras, con tu contacto físico, con el tono de tu voz, con tus gestos. Cuando estás ministrando la euforia del momento puede resultar en algo que le falte el respeto al otro. Es bueno estar siempre atento para respetar la integridad del que está siendo ministrado. No digas ni hagas algo que pueda ofender al otro.

Ámense unos a otros como hermanos, y respétense siempre

(Romanos 12:10, TLA).

Quinto paso, discierne cuál es la acción que ministrarás en cada momento en particular. No siempre ministrar significa orar por los enfermos o reprender demonios. Hay varias acciones mencionadas en las Escrituras que ministran, que curan, que traen sanidad:

1. Hay momentos en los que necesitas corregir al otro.

Hermanos, ustedes son guiados por el Espíritu de Dios. Por lo tanto, si descubren que alguien ha pecado, deben corregirlo con buenas palabras. Pero tengan cuidado de no ser tentados a hacer lo malo (Gálatas 6:1, TLA).

2. Hay momentos en los que necesitas aconsejar al otro.

Hermanos en Cristo, estoy seguro de que ustedes son muy buenos y están llenos de conocimientos, pues saben aconsejarse unos a otros (Romanos 15:14, TLA).

3. Hay momentos en los que necesitas orar por el otro.

Por eso, confiesen sus pecados unos a otros, y oren unos por otros, para que Dios los sane. La oración de una persona buena [del justo] *es muy poderosa, porque Dios la escucha* (Santiago 5:16, TLA).

4. Siempre usa los dones espirituales que recibiste para ministrar.

Cada uno según el don que ha recibido, minístrelo a los otros (1 Pedro 4:10).

Cada uno de ustedes ha recibido de Dios alguna capacidad especial. Úsela bien en el servicio a los demás (1 Pedro 4:10, TLA).

Mantente saludable

El obrero saludable debe aprender a mantenerse saludable interiormente para poder ministrar. Unos de los desafíos más grandes que enfrentamos los que somos usados para ministrar es mantener nuestro corazón sano y libre para poder seguir dando sanidad. Por eso, no permitamos que nuestro corazón se enferme por la actitud y la conducta de aquellos que hemos sido llamados a ministrar. En el libro *Leadership on the line*[4] [Liderazgo en riesgo] sus escritores hablan de mantener en liderazgo lo

---

4 Ronald A. Heifeltz & Marty Linsky, *Leadesrship on the line*, HBS Press, 2002.

Capítulo 8

que ellos llaman 'un corazón sagrado', esto significa un corazón que a pesar de las circunstancias y del maltrato o la mala conducta de las personas a las que sirves, te mantiene con la capacidad de creer en la inocencia, con curiosidad y compasión. La raíz de compasión habla de estar junto al dolor de otra persona.

Qué difícil es estar frente al dolor de otra persona para traer sanidad cuando esa persona te ha traído dolor. Jesús en la cruz exclamó: "Dios mío, Dios mío, ¿por qué me has desamparado?", pero minutos más tarde mirando a los que lo habían clavado en esa cruz pudo decir: "Padre, perdónalos, porque no saben lo que hacen". Si esto es cierto para un mundo secular cuánto más para la iglesia que es el cuerpo de Cristo y para nosotros sus obreros que somos instrumentos de Cristo.

José al ministrar a sus hermanos nos da un buen modelo de cómo un corazón se mantiene sano para poder ministrar a otros a pesar del dolor:

1. Consideró lo que pasó como el plan de Dios – Génesis 45:7-8.

2. Dio lo mejor aun a los que le hicieron mal – Génesis 47:11-12.

3. Tuvo la capacidad de llorar por la condición espiritual y emocional de los otros – Génesis 50:17.

4. Aunque el tiempo transcurrió, él siguió mirando lo que pasó como el plan de Dios – Génesis 50:19-20.

5. Consoló y habló al corazón de los que le hicieron mal – Génesis 50:21.

Sesión 3

El liderazgo del obrero

9. El obrero liderando

10. El obrero líder y su persona

11. El obrero líder y su tarea

12. El obrero líder y sus seguidores

9
El obrero liderando

El verdadero líder siempre va un paso más adelante que su equipo; sin embargo, no lo deja atrás, lo guía para crear más líderes. Él saca lo mejor de los demás

(Anónimo).

El contexto relacional de liderazgo es uno de los cuatro contextos de relación en los que el obrero de Dios trabaja. Recordemos que nuestro trabajo es con personas y no con cosas. Puede ser que estemos organizando eventos, construyendo edificios, o administrando dinero, pero las personas son siempre nuestra primera prioridad y la razón por lo que hacemos todo esto. Por eso la importancia de nuestro contexto relacional como obreros. Es como nos relacionamos con los demás lo que nos transforma en malos o buenos obreros de Dios. No son los logros materiales o metas personales lo que nos hacen obreros de Dios, sino la forma en que afectamos e impactamos correctamente a las demás personas.

Aclaro que en la iglesia prefiero usar el término 'obrero' antes que líder, aunque el obrero esté ejerciendo una posición de liderazgo. Lo hago por dos razones:

Capítulo 9

• Primero, porque al decirle líder a un obrero que ocupa la posición de liderazgo, estamos de forma implícita anulando las otras tres dimensiones relacionales que lo hacen un obrero de Dios: la del magisterio bíblico, la del discipulado y la del ministerio. Ser líder es solo una cuarta parte de nuestro trabajo en la obra del Señor. El obrero siempre debe relacionarse con los demás como maestro, como discipulador, como ministro y como líder. Como maestro, enseña a los demás. Como discipulador, forma a los demás. Como ministro, trae sanidad a los demás. Como líder, guía a los demás.

• Segundo, porque el uso del término en forma repetitiva sobre un individuo construye muchas veces la actitud del 'jefe' que manda, cuando más allá de ocupar la posición de liderazgo en un ministerio, el obrero sigue siendo un obrero; esto es, uno que hace la obra junto a otros, y no uno que hace trabajar a otros. Cuando al líder se lo llama obrero se le recuerda que sigue siendo un trabajador de la viña del Señor.

LIDERAZGO

El término liderazgo es uno de los términos más usados por los conferencistas de la autosuperación personal. Decimos que cuando una iglesia local o una empresa está incursionando en un campo nuevo con éxito, tiene liderazgo. Las librerías están llenas de libros sobre liderazgo. Así encontramos que se nos habla de liderazgo personal, liderazgo empresarial, liderazgo de transformación, liderazgo institucional, y la lista continúa.

La propuesta es que los que servimos en la obra del Señor ejerciendo liderazgo, no lo hagamos bajo los principios y valores del liderazgo de una cultura humanista sino bajo los principios y valores bíblicos del liderazgo cristiano.

Capítulo 9

El liderazgo o liderato en relación a un grupo de personas es definido comúnmente como la condición de líder, o ejercicio de las actividades propias de este. Al líder se lo define como la persona que dirige al grupo, que tiene influencia sobre él, o que lo conduce. Etimológicamente la palabra líder viene del inglés *leader* [guía]. Toda relación de liderazgo cobra vida cuando se conjugan tres elementos: el **líder**, la **tarea** y los **seguidores**. Liderazgo, aplicado como una cualidad del líder, es la capacidad, los conocimientos y la experiencia para dirigir y guiar a los demás a un destino deseado.

El liderazgo del obrero cristiano es la correcta conjugación de un obrero-líder cristiano, de una tarea cristiana y de seguidores cristianos. El obrero-líder cristiano es aquel llamado por Dios a dirigir, influenciar y conducir un equipo de obreros y/o una comunidad de creyentes. Una tarea cristiana son las obras que Dios preparó para los creyentes desde antes de la fundación del mundo para que las pongan por obra en el momento y el lugar donde Dios planeó que deben realizarse. Los seguidores cristianos son un equipo de obreros y/o una comunidad de creyentes.

Liderazgo ministerial

Llamamos liderazgo ministerial a la posición de preeminencia en algún ministerio de la iglesia local en la que es responsable de la dirección del ministerio. Esta clase de liderazgo también puede manifestarse en la forma de un 'liderazgo institucional' cuando el obrero, ocupando una posición de preeminencia en la estructura de la iglesia o la institución, se dedica a dirigir todo un departamento de la iglesia o la institución y por ende ejerce liderazgo sobre el liderazgo. Así este obrero-líder debe tener ciertas capacidades personales, organizativas, administrativas y de comunicación.

Cuando hablamos del liderazgo ministerial es importante entender al obrero-líder en relación con su persona, su tarea y sus seguidores. Si entiende

Capítulo 9

cómo relacionarse saludablemente con estas tres dimensiones, entonces su liderazgo será fructífero y aportará salud a la vida y ministerio de la iglesia.

El líder y su persona	El líder y su tarea	El líder y sus seguidores
1 Es un siervo SIRVE	5 Es un dirigente DIRIGE	9 Es un motivador MOTIVA
2 Posee visión ES VISIONARIO	6 Es un estratega PLANIFICA	10 Es un movilizador MOVILIZA
3 Es decidido DECIDE	7 Es un coordinador COORDINA	11 Es un facilitador FACILITA
4 Es un aprendiz APRENDE	8 Es el que controla REGISTRA	12 Es el que continúa HEREDA

La figura del liderazgo ministerial

La forma en que esta figura de círculos concéntricos debe interpretarse es la siguiente:

Primero, el círculo interno es el de la persona del líder. La persona del líder es el corazón desde donde late el liderazgo en la iglesia del Señor. Líderes saludables producen liderazgos saludables.

Segundo, el círculo de afuera es el de los seguidores. Los seguidores son la manifestación visible del liderazgo cristiano. El liderazgo genuino se manifiesta a través de los seguidores.

Tercero, el círculo del centro es el de la tarea. Es lo que une al líder y los seguidores y los mantiene juntos. Si el líder administra correctamente la tarea, llegará de forma efectiva a sus seguidores. Si los seguidores toman la tarea como de ellos, entonces los líderes lograrán sus objetivos.

Cuarto, el sector A superior derecho habla del corazón del liderazgo. Un siervo que dirige correctamente mantendrá a los seguidores motivados.

Quinto, el sector B inferior derecho habla del propósito del liderazgo. Un visionario que planifica correctamente movilizará a sus seguidores hacia la meta.

Sexto, el sector C inferior izquierdo habla del movimiento del liderazgo. Un líder decidido que coordina correctamente facilitará a sus seguidores la habilitación para hacer la tarea.

Séptimo, el sector D superior izquierdo habla del alcance del liderazgo. Un aprendiz que registra correctamente heredará a sus seguidores para que sean continuadores. El correcto entendimiento del pasado nos permite entender nuestro presente y proyectarnos con la visión de Dios hacia el futuro.

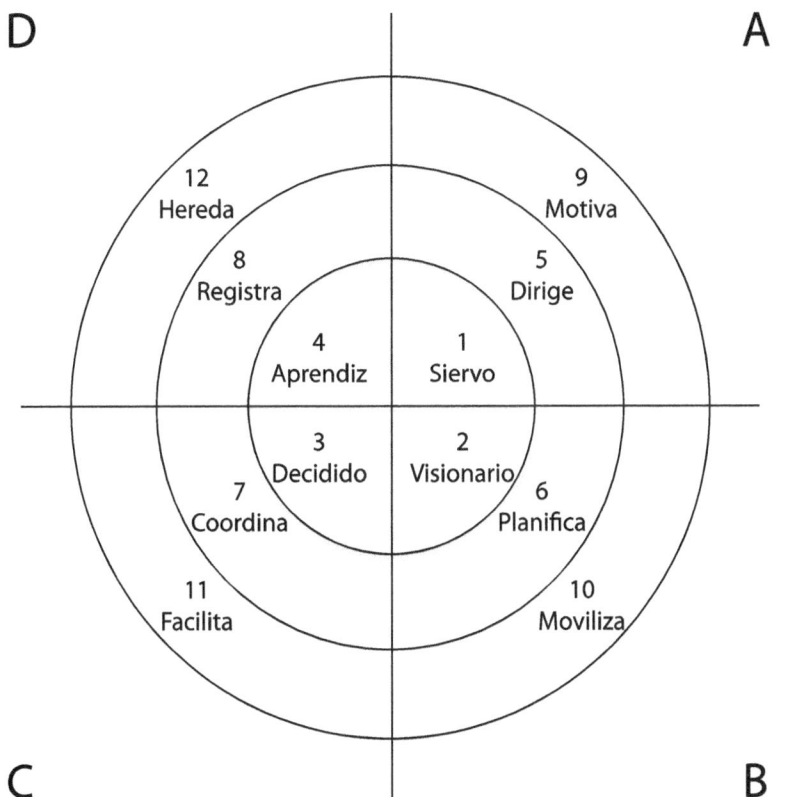

Capítulo 9

10

El obrero líder y su persona

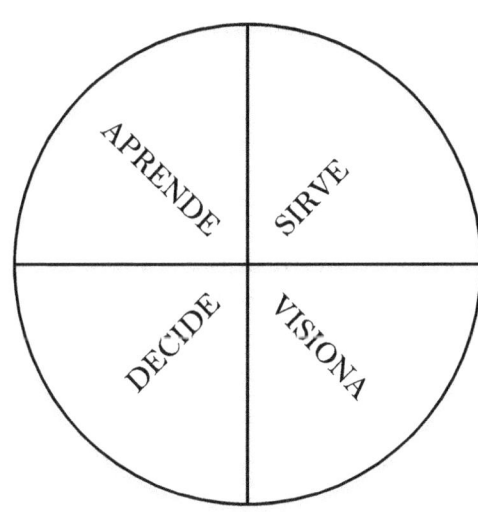

EL OBRERO-LÍDER SIRVE

Porque el Hijo del Hombre no vino para ser servido, sino para servir, y para dar su vida en rescate por muchos

(Marcos 10:45).

Esta es la lección más importante para liderar en el reino de Dios. Lideramos para servir y no para ser servidos. Los líderes que vienen a servir, llegan con la asignatura de DAR de ellos mismos para el bien de los demás.

Capítulo 10

Si prestamos atención a las palabras del Nuevo Testamento que se traducen como ministros nos encontraremos con los siguientes significados, que nos van a ayudar a entender qué significa ser un obrero que está en una posición de liderazgo para servir.

Doulos – significa esclavo, esclavizar, someter a servidumbre. Un término que significa "en esclavitud". Esta palabra enfatiza la idea de servicio en sumisión absoluta a la voluntad de un Señor. A esta posición se humilló el Hijo de Dios (Filipenses 2:7). Pablo se identificó con esta posición cuando dijo: "me he hecho siervo [esclavo] de todos" (1 Corintios 9:19). Los apóstoles usan este término para expresar su relación con Cristo (Romanos 1:1). Y si seguimos podemos encontrar pasajes como Gálatas 1:10; Santiago 1:1; 2 Pedro 1:1 que hablan de esta posición de siervo.

Hyperetes – este es un vocablo compuesto de la preposición '*hypo*', bajo, y '*eretes*', remero. Era antiguamente el que remaba en una nave a las órdenes de un patrón y se aplicaba a quien actuaba bajo la dirección de otro. Lucas en su Evangelio se sirve de esta palabra para referirse a los testigos de Jesús cuando los llama "ministros de la palabra" (Lucas 1:2). Pablo se la apropia para sí mismo (Hechos 26:16; 1 Corintios 4:1).

Oikonomos – significa administrador. Pablo emplea esta palabra para ilustrar la tarea de los ministros cristianos (1 Corintios 4:1, 2; Tito 1:7).

Hierourgeo – Ministrar en servicio sacerdotal. Un sacerdote que se sacrifica. Pablo lo usa una sola vez en Romanos 15:16 y en sentido metafórico. Habla de un servicio que trae ofrenda agradable.

El liderazgo civil, el liderazgo religioso y el liderazgo cristiano. Al comparar el liderazgo religioso y civil con el liderazgo que Él esperaba de sus discípulos, es claro que el Señor Jesús ve el liderazgo de los obreros del Reino como el ejercicio de un siervo y nunca de un jefe. Mateo 20:25-28; Mateo 23:1-12.

Los líderes civiles	Los líderes religiosos	Los líderes cristianos
• "… se enseñorean de los demás…"	• "… no hagáis conforme a sus obras, porque dicen y no hacen".	• "… el que quiere hacerse grande será vuestro servidor…"
• "… los que son grandes ejercen sobre los demás potestad".	• "… cargas pesadas y difíciles de llevar… ni con un dedo quieren moverlas".	• "… el que quiera ser el primero… será vuestro siervo…"
	• "… hacen todas las cosas para ser vistos por los hombres…"	• "… debemos dar nuestra vida en rescate por muchos…" (parafraseado)
	• "… aman los primeros asientos en las cenas y las primeras sillas en las sinagogas…"	• "El que es mayor de vosotros, sea vuestro siervo. Porque el que se enaltece será humillado, y el que se humilla será enaltecido".

El obrero-líder es VISIONARIO

Mirad, pues, con diligencia cómo andéis, no como necios sino como sabios, aprovechando bien el tiempo, porque los días son malos. Por tanto, no seáis insensatos, sino entendidos de cuál sea la voluntad del Señor

(Efesios 5:15-17).

… Escribe la visión, y declárala en tablas, para que corra el que leyere en ella. Aunque la visión tardará aún por un tiempo, mas se apresura hacia el fin, y no mentirá; aunque tardare, espéralo, porque sin duda vendrá, no tardará

(Habacuc 2:2, 3).

Capítulo 10

Sus caminos notificó a Moisés, y a los hijos de Israel sus obras

(Salmos 103:7).

Hablar de la visión de la Iglesia es hablar de la asignación de Dios para esa congregación. No es la visión de una persona, aunque es una persona la que recibe visión para liderar al pueblo de Dios. Es la visión de Dios para su pueblo. Por eso la Escritura dice: *sus caminos notificó a Moisés, y a los hijos de Israel sus obras*. Esto es así porque Dios muestra sus caminos al pastor del rebaño. El pastor lidera al rebaño hacia la visión, el rebaño sigue al pastor y las ovejas son al final las beneficiarias de las obras de Dios.

Hay dos hechos que siempre me llamaron la atención de Moisés como líder:

Primero, que nunca permitió que los que querían usurpar su posición de liderazgo frente al pueblo lo envolvieran en una lucha de poder indefinida, nunca se defendió o argumentó. A Moisés siempre lo confirmó Dios en su liderazgo.

Y **segundo**, que cuando Moisés tuvo la oportunidad de borrar el nombre de Abraham como padre del pueblo de Israel y poner su nombre como el padre de esa nación, no lo hizo. Moisés siempre lideró para que Israel siga siendo la nación de Abraham, y para que las promesas que Dios le hizo a Abraham se alcancen.

Los obreros líderes entienden que la visión del ministerio que lideran es un complemento a la visión de la iglesia donde sirven. Es decir, la asignación de Dios para el ministerio que se está liderando siempre va a buscar que contribuya y complemente la asignación que Dios le dio a esa iglesia dentro del cumplimiento de la Gran Comisión.

La función del obrero-líder ante la visión es ENTENDER, RECIBIR y ADMINISTRAR esa visión.

Capítulo 10

El obrero-líder ENTIENDE la visión de la iglesia, y el lugar del ministerio que lidera en la visión de la iglesia.

Está son algunas de las preguntas de las cuales todo líder de un ministerio debe encontrar respuestas para poder tener claridad sobre cuál es el lugar del ministerio a liderar en el cuadro completo de la visión de la iglesia.

¿Cómo se recibió esta visión para la iglesia? ¿Qué significado tiene cada palabra, cada frase en la declaración de visión de la iglesia?

¿Cómo la visión hace a la iglesia protagonista de la Gran Comisión?

Capítulo 10

¿Cómo el ministerio que voy a liderar encaja en la visión de la iglesia?

_____

_____

_____

_____

_____

_____

_____

¿Cómo el ministerio que voy a liderar puede contribuir a la asignación de Dios para la iglesia?

_____

_____

_____

_____

_____

_____

_____

El obrero-líder RECIBE visión de Dios para el periodo que le toca liderar, entendiendo que toda visión de Dios estará conectada con la visión de la iglesia y con la visión del líder anterior. La visión da visión. Cuando se ha tomado el tiempo para entender la visión de Dios para la iglesia entonces, y recién entonces, se está en la posición correcta de RECIBIR visión para el ministerio. La visión que Dios le da a los ministerios de la iglesia son visiones

Capítulo 10

complementarias y continuadoras. Complementarias a la visión de la iglesia y continuadoras de la visión que Dios le dio al líder anterior.

Así que una vez que el obrero-líder está en posición de visionar para los ministerios que va a liderar y ENTENDIENDO la visión de la iglesia y el lugar del ministerio en dicha visión, debe darse a la tarea de buscar la dirección del Señor en oración y reflexión, mientras responde a las siguientes preguntas:

¿La visión (o parte de) bajo la cual el ministerio ha estado operando es relevante en tiempo y situación actual, y en relación a la comunidad o grupo que está sirviendo y que va a servir durante mi liderazgo?

¿Cómo este ministerio contribuyó en el pasado a la visión que Dios le dio a la iglesia?

_____

_____

_____

_____

_____

¿Cómo este ministerio puede contribuir en el futuro a la visión que Dios le dio a la iglesia?

_____

_____

_____

_____

Capítulo 10

¿Qué elementos de la visión deben cambiar y cuáles deben mantenerse?

Tal vez la pregunta madre de todas estas es: ¿Qué quiere Dios que hagamos en este tiempo como ministerio que va a avanzar la tarea asignada a la iglesia en el cumplimiento de la Gran Comisión?

El obrero-líder ADMINISTRA la atención mediante la visión.

Según Bennis y Nanus[5], administrar la atención mediante la visión es crear una mirada común

---

[5] Warren Bennis y Burt Nanus, *Líderes, las cuatro claves del liderazgo eficaz*, Grupo Editorial Norma, 1994.

Capítulo 10

en los miembros del equipo de liderazgo y en los miembros del ministerio. La visión agarra, la visión da sentido de pertenencia. Cuando el líder administra la atención de sus seguidores mediante la visión, produce en ellos esa confianza que les dice que Dios es capaz y que ellos van a poder alcanzar lo que Dios les pide que hagan. Cuando la atención de los que te siguen se administra a través de la visión, se transforma el propósito en acción y entonces dejamos de hablar y comenzamos a hacer. Cuando el líder administra la atención de los miembros del ministerio a través de la visión, entonces se produce una transacción entre el líder y los seguidores. Los líderes prestan atención y también la reciben. Los líderes hacen lo que Dios les pidió que hicieran y el pueblo ve las obras de Dios.

El obrero-líder DECIDE

Cuando vio la visión, en seguida procuramos partir para Macedonia, dando por cierto que Dios nos llamaba para que les anunciásemos el evangelio

(Hechos 16:10).

Decidir y ser firme en las decisiones es una virtud que todo obrero-líder necesita tener. Decido en la dirección y en las decisiones que tomo. No estoy hablando de ser arbitrario, sino de estar seguro y convencido de lo que se dice o hace. Cuando se lidera se guía a otros, y para eso se necesita que el líder sea alguien firme, sin dudas, resuelto, que actúa con decisión y valor.

Un obrero-líder que decide NO ES un líder medroso, indeciso o un líder agresivo, determinante, rotundo, concluyente; pero SÍ ES un líder emprendedor, atrevido, enérgico, resuelto.

Capítulo 10

TOMANDO DECISIONES EN DIVERSAS SITUACIONES

Ante problemas o conflictos en el liderazgo tenemos que tomar decisiones de una u otra clase, para resolver uno u otro problema. Generalmente las decisiones más importantes tienen que ver con los conflictos personales. Hay diferentes reacciones frente a los conflictos: nos acercamos a las personas, nos alejamos de las personas o nos volvemos contra las personas.

Las causas de conflictos más comunes entre las personas están relacionadas muchas veces con funciones, personalidad, trato injusto, e incluso la competencia entre personas. Los conflictos pueden darse por discrepancias en la forma de administrar, en la forma de predicar, en la forma de aconsejar, en la forma de relacionarse, etc.

Es la actitud frente al conflicto la que puede hacer una diferencia. Están los que se muestran indiferentes y siguen adelante como si no sucediera nada. Están los que se llenan de temor y confusión, y se hunden en la desesperación. Están los que actúan a tontas y a ciegas, y se comportan como "héroes" al tratar de darlo todo por solucionar u ocultar el problema, y están los que toman decisiones que puedan resolver el conflicto y/o el problema.

De seguro que tu estarás de acuerdo conmigo en que la salida o la actitud más sabia es la de tomar decisiones que puedan resolver el conflicto o el problema que se nos presenta. Para tomar decisiones en el conflicto necesitamos mirar la decisión como CONTENIDO y como PROCEDIMIENTO. [6]

---

[6] *Adaptado de CEPAS, Curso de Educación Pastoral, Vol. 4, SBL.*

Tomando decisiones en un equipo/comunidad		
La forma en que se debe actuar	Normas de comportamiento	Comportamientos negativos a evitar
• Iniciar	• Estimular	• Agredir
• Sugerir	• Percibir	• Buscar reconocimiento
• Buscar información	• Conciliar	• Obstruir
• Buscar opiniones	• Facilitar	• Jugar
• Aportar informaciones	• Ceder	• Dominar
• Resumir y orientar	• Establecer normas	
• Proceder al examen crítico	• Observar y comentar	

El obrero-líder APRENDE

Y aunque era Hijo, por lo que padeció aprendió la obediencia

(Hebreos 5:8).

"Cuando les preguntamos a nuestros 90 líderes sobre las cualidades necesarias para manejar sus organizaciones... por encima de todo, hablaron de aprendizaje"

(Bennis Nanus).

Capítulo 10

El obrero-líder que aprende sabe lo que necesita. Volviendo a citar a Bennis y Nanus, ellos descubrieron que algunos son lectores infatigables, otros aprenden principalmente de otras personas, casi todos los líderes tienen la capacidad de aprender de la experiencia. El aprendizaje es el combustible esencial para el líder. Cuando el líder descubre no solo cómo aprender, sino cómo aprender en el contexto de la obra, entonces tiene la capacidad de concentrarse en aquello que más le importa a la obra, y utilizar el ministerio como un ambiente de aprendizaje y crecimiento.

El obrero-líder que aprende desarrolla un ministerio. El mundo está cambiando constantemente y por ende, aunque la misión de la iglesia sigue siendo la misma, la forma que hacemos la obra para cumplir con la misión está cambiando continuamente. Algunas veces estos cambios pueden ser rápidos, y otras veces lentos y fragmentados. Pero sea en forma lenta o rápida, sea en gran magnitud o en menos cuantía, los líderes y ministerios que aprenden se están transformando constantemente, siempre están aprendiendo, siendo proactivos y no reactivos en su forma de hacer la tarea asignada por Dios.

Partiendo de la idea que los hábitos y las actividades de las iglesias en Norteamérica están desconectados del propósito por el cual Dios las llamó a ser luz en esta nación, Roxburgh y Romanux basan el argumento principal del libro *The Missional Leader* en que la iglesia debe vivir en el centro de la obra de Dios, lo que ellos llaman una vida misional, siendo instrumentos de Dios en una sociedad que enfrenta un cambio discontinuo. Por eso insisten en que la iglesia debe "imaginar las formas y estructuras de la vida de la iglesia en esta situación, y para ellos los líderes necesitan desarrollar aquellas habilidades que les ayuden a cultivar la imaginación misional delpueblo de Dios en el medio de cambios masivos".[7]

---

7 *Alan J. Roxburgh y Fred Romanuk, The Missional Leader, Josse-Bass, 2006.*

11

El obrero líder y su tarea

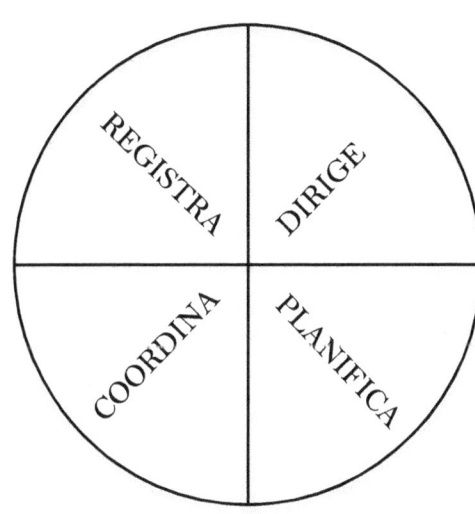

EL OBRERO-LÍDER DIRIGE

"Si se embotare el hierro, y su filo no fuere amolado, hay que añadir entonces más fuerza; pero la sabiduría es provechosa para dirigir"

(Eclesiastés 10:10).

Según la Real Academia Española la palabra dirigir proviene del latín *dirigĕre,* y significa: **enderezar, llevar rectamente** algo hacia un término o lugar señalado. **Guiar, mostrando** o dando las señas de

Capítulo II

un camino. **Encaminar** la intención y las operaciones a determinado fin. Gobernar, regir, **dar reglas** para el manejo de una dependencia, empresa o pretensión. **Orientar**, guiar, aconsejar a quien realiza un trabajo. **Conjuntar** y marcar una determinada orientación artística a los componentes de una orquesta o coro, o a quienes intervienen en un espectáculo, **asumiendo la responsabilidad de su actuación** pública.

Cuando David llevó el arca a Jerusalén, dice la Biblia que *Matatías, Elifelehu, Micnías, Obed-edom, Jeiel y Azazías tenían arpas afinadas en la octava para **dirigir*** (heb. natsákj: brillar, relucir desde lejos, ser permanente hacia el objetivo. Se tradujo como superintendente o mayordomo).

*Y Quenanías, principal de los levitas en la música, fue puesto para **dirigir*** (heb. yasár: castigar literalmente con golpes y figurativamente con palabras. Se traduce como instruir) *el canto, porque era entendido en ello* (1 Crónicas 15:21-22, énfasis añadido).

Y cuando distribuyó las tareas de los levitas en el templo la Escritura menciona que nombró *"veinticuatro mil para **dirigir*** (heb. natsákj) *la obra de la casa de Jehová"* (1 Crónicas 23:4).

Cuando Jeremías profetiza sobre la impiedad y condición de Jerusalén y Judá dice: *"Cosa espantosa y fea es hecha en la tierra; los profetas profetizaron mentira, y los sacerdotes **dirigían*** (heb. radá: pisotear, subyugar, destrozar, dominar, consumir, mandar) *por manos de ellos; y mi pueblo así lo quiso. ¿Qué, pues, haréis cuando llegue el fin?* (Jeremías 5:30-31, énfasis añadido).

El escritor del libro de Eclesiastés hace referencia a la diferencia de dirigir por la fuerza o a través de la sabiduría cuando dice: *"Si se embotare el hierro, y su filo no fuere amolado, hay que añadir entonces más fuerza; pero la sabiduría es provechosa para **dirigir*** (heb. kashér: estar recto o derecho, ser aceptable, dirigir acertado, triunfar, prosperar)" (Eclesiastés 10:10, énfasis añadido).

Capítulo 11

Y cuando los discípulos de Jesús discutían sobre quién de ellos será el mayor, Jesús les dijo: *los reyes de las naciones se enseñorean de ellas, y los que sobre ellas tienen autoridad son llamados bienhechores; mas no así vosotros, sino sea el mayor entre vosotros como el más joven, y el que* **dirige** (gr. hhgeómai: comandar y mandar con autoridad oficial), *como el que sirve* (Lucas 22:25-26, énfasis añadido).

Al observar la definición del diccionario y las palabras usadas en los idiomas originales de las Escrituras, es claro que *dirigir* en el ministerio no tiene que ver con mandar imponiendo la autoridad recibida por la posición que se ocupa, buscando que los demás sirvan al líder y su visión en particular, en una casi forma de subyugación que pisotea a los miembros del equipo destruyendo y consumiendo sus fuerzas, llamado y servicio en el ministerio. No se está en una posición de liderazgo como un jefe que da órdenes que deben ser obedecidas.

Muy por el contrario, estamos en nuestras posiciones de liderazgo para **llevar, guiar, encaminar,** y **orientar** a nuestro equipo de trabajo y ministerios hacia el lugar señalado **asumiendo la responsabilidad de su actuación.** Esta es la mejor definición de dirigir. Porque no se trata de lo que los seguidores deben hacer para el líder, sino de lo que el líder debe hacer por y para ellos.

La tarea de dirigir es la que desarrollamos en el liderazgo con el propósito de poner en marcha el equipo de trabajo y en consecuencia al ministerio que presidimos, tomando las acciones necesarias que lo van a guiar, encaminar, y orientar al cumplimiento de la visión, asumiendo como líder-dirigente la responsabilidad de la actuación del equipo.

En el sentido negativo, dirigir de esta forma implica NO pisotear la identidad y dignidad de los seguidores, menospreciando su voz, inteligencia, habilidades y sabiduría; sino, muy por el contrario, implica respetar y valorar lo que son, buscando habilitarlos a su máximo potencial y expresión en Dios.

Capítulo 11

Para dirigir de tal forma que lleve y oriente al equipo y ministerio al cumplimiento de la visión ofreciendo guía y orientación, sugiero que te conectes en cuatro dimensiones con el equipo y con la congregación:

Primero, conéctate con el corazón. Ámalos más a ellos que a la tarea y la visión. Las personas son más importantes que la tarea. Que tu presencia sea para servirles, antes que para que ellos te sirvan a ti. Dirige usando la sabiduría antes que la fuerza. La relación personal es antes que la relación laborar. Si pueden confiar en ti como persona, confiarán en ti como líder.

Segundo, conéctate con el oído. Escúchalos antes de hablar. El escuchar con atención es más valioso que el hablar con elocuencia, porque al escuchar puedo entender y comprender los corazones y situaciones de los miembros del equipo y entonces estoy en condiciones de orientar y guiar desde sus realidades y no simplemente desde mis expectativas.

Tercero, conéctate con el grupo. Relaciónate con el equipo en su conjunto enviando el mensaje de unidad y cultivando la identidad común que tienen como ministerio. Usa las reuniones de equipo como el medio principal de dirigir al equipo, combinando las reuniones personales de forma intencional e inteligente con las reuniones de grupo. Usa las reuniones personales como un seguimiento a tu relación personal con ellos y de la tarea individual que le compete a cada miembro del equipo, pero nunca para hablar y decidir lo que se debe hablar y decir con todo el equipo.

Establece en el calendario reuniones grupales y periódicas (mensuales, semanales, etc.) con todo el equipo y con la congregación (bimensuales, semestrales, etc.):

1. Para **fortalecer** el compañerismo.

2. Mientras **cultivas** una cultura de servicio, visión, decisión y aprendizaje.

3. Trabajando en la planificación, coordinación y registros.

4. Mientras, **movilizas** al equipo proveyendo motivación, facilitando los espacios emocionales y espirituales, y las herramientas para realizar la tarea, con un sentido de dejar herencia, depositando en otros lo recibido de parte de Dios.

Alrededor de esas reuniones grupales planifica tus reuniones personales con los integrantes del equipo.

Cuarto, conéctate con la conducta. El hacer es antes que el decir. Puedes decirles todo lo que hay que hacer, pero si tú lo haces con ellos, tus acciones tendrán mayor impacto que tus palabras. Muéstrales el camino, dales el ejemplo, brilla, resplandece, sé constante en lo que hablas, para que ellos te puedan seguir.

El obrero-líder PLANIFICA

Si alguno de ustedes quiere construir una torre, ¿qué es lo primero que hace? Pues se sienta a pensar cuánto va a costarle, para ver si tiene suficiente dinero. Porque si empieza a construir la torre y después no tiene dinero para terminarla, la gente se burlará de él

(Lucas 14:28, 29, TLA).

Planificar es trazar los planos para la ejecución de una obra. Hacer un plan de acción.

Capítulo 11

Capítulo 11

Estrategia es el arte de dirigir, (encaminar un conjunto de disposiciones) y coordinar (disponer metódicamente de) los esfuerzos y los diferentes recursos para una acción común que nos permitan alcanzar el objetivo deseado.

Todos los que estamos en liderazgo en la obra del Señor recibimos visión de parte de Dios para nuestros ministerios. Pero, ¿cómo llegar al cumplimiento de esa visión? ¿Cómo dirigir y coordinar las disposiciones y la acción hasta llegar a ser lo que Dios quiere que seamos? Para eso debemos desarrollar el arte de la estrategia y aprender a planificar.

El P.O.D.E.R. de la estrategia

Planea

- Entiende la visión de Dios para la iglesia o para el ministerio.
- Identifica los recursos necesarios y disponibles.
- Delinea los pasos a seguir y las metas a corto y largo plazo.

Organiza

- Desarrolla habilidades y estructuras de comunicación.

Delega

- Desarrolla la eficiencia de las personas y de la organización.

Evalúa

- Gana y mantén la confianza del pueblo.
- Establece sistemas de evaluación del progreso y de los logros.

Recomienda

- Haz las recomendaciones necesarias luego de la evaluación para, de ser necesario, corregir y reenfocar las acciones.

- Cultiva un ambiente de aprendizaje como individuos y como equipo.

El obrero-líder COORDINA

Edificados sobre... Jesucristo mismo, en quien todo el edificio, bien coordinado, va creciendo para ser un templo santo en el Señor"

(Efesios 2:20, 21).

La tarea de **coordinar** establece las relaciones entre diferentes personas y cuerpos directivos que hemos determinado en la organización. La tarea de coordinar nos lleva a decisiones que tienen que ver con la normas de relación entre personas, formas de trabajo, y el no duplicar esfuerzos ni desperdiciar recursos. En el libro *Trabajando en equipo* hablamos de la coordinación como uno de los elementos clave para poder trabajar juntos con un objetivo común. Tomando como base lo que explicamos en el libro, sugiero que como líder establezcas la coordinación en el equipo a través de 4 acciones básicas:

Recordar la visión – Haz esta práctica de la visión del ministerio en forma periódica y ayuda a cada miembro a conectarla con su llamado personal y la Gran Comisión.

Valorar – recuérdale al equipo que en la diversidad está la riqueza y ayúdale a celebrar, y no criticar lo diferente del otro, encontrando cómo

Capítulo 11

las diferencias del compañero los enriquecen personalmente y potencian al equipo y al ministerio para la tarea a realizar.

Identificar – desarrolla un organigrama de funciones que les ayude a ver de forma gráfica la posición y función de cada uno en relación con la autoridad delegada que reciben, y ayúdales a entender cómo esa posición en el equipo los habilita a ellos y al equipo para cumplir con la visión.

Acordar – desarrolla descripciones de trabajo que les ayude a cada miembro del equipo a entender cómo van a realizar el trabajo y qué se espera de cada uno mientras trabajan juntos.

El obrero-líder REGISTRA

El que desprecia la corrección no se aprecia a sí mismo; el que atiende a la reprensión, adquiere entendimiento

(Proverbios 15:32, DHH).

Todo líder entiende el valor de llevar un control. "Es bueno darnos a la tarea de llevar un registro de lo que hacemos y sus resultados. Esto nos ayuda a medir el logro de actividades, objetivos, metas y recursos que han sido planeados; nos ayuda a establecer causas por las cuales logramos todo lo planeado; además nos orienta en el uso correcto de los recursos, o en el cuidado adecuado de los mismos, entre otras cosas. El control consiste en que todo lo que hacemos esté de acuerdo con el plan que se ha adoptado, la organización que se ha establecido y las órdenes que se han dado" (Gulick y Urwick).

"La palabra control tiene un significado técnico en la terminología administrativa. Se refiere a la corriente de información sobre el progreso de las operaciones y la producción considerada algunas veces como retroalimentación. Por eso es que el control y la planeación caminan de la mano: la planeación fija los objetivos; el control informa como se están alcanzando" (John Pfiffner).

Sin controles no se puede medir la eficiencia y mucho menos corregir los errores que surgen dentro de los procesos. Podemos definir el concepto de control como las acciones secuenciales que son establecidas por una persona o grupo de personas para medir y evaluar la tarea de las personas, la condición del equipo y el estado mismo del proyecto para establecer las acciones correctivas encaminadas al logro de la excelencia.

En cierta medida el control implica disciplinar

La función de controlar nunca ha gozado de mucha simpatía. Esto se debe a que las personas tienen una tendencia natural, debido a su naturaleza caída, a rechazar controles y todo tipo de medidas disciplinarias. Nos gusta hacer nuestra voluntad y nos molesta cuando alguien nos señala que estamos actuando mal.

El control tiene tres elementos: El record, la evaluación y el reporte.

El **record** es el expediente, el historial. Se manifiesta en una base de datos, en inventarios, en estadísticas, en libros y registros, y en atender correspondencia y archivos.

Evaluar es estimar los conocimientos, actitudes, aptitudes y rendimientos de las personas, del equipo, de los proyectos, del estado económico financiero, etc. Evaluar requiere de un diálogo franco, de un análisis positivo, de reconocimiento y valoración de las personas y de disposición para hacer modificaciones.

Al evaluar las personas, el equipo y el proyecto, podemos usar las siguientes preguntas como un modelo a seguir:

Capítulo 11

- Consagración - ¿Cómo está tu entrega al Señor? ¿Tienes una vida devocional?

- Compromiso - ¿Cómo está tu entrega a la obra? ¿Tienes pasión por lo que se está haciendo?

- Competencia - ¿Cómo estás usando tus dones o capacidades? ¿Tus dones, capacidades, experiencia, talentos, etc. están de acuerdo con tu posición? ¿Tus dones, capacidades, experiencias, etc. están de acuerdo con el trabajo asignado?

- Coordinación - ¿Se entiende la visión del ministerio y/o del proyecto? ¿Se entiende la posición y tarea asignada en el equipo? ¿Están todos haciendo lo que deben hacer? ¿Existen desacuerdos? ¿Estamos valorando y habilitando la diversidad del grupo?

- Cooperación - ¿Estamos ayudando a los demás? ¿Estamos listos para lo que se nos necesite, aunque no sea mi área o asignación de trabajo? ¿Hay compromiso con todo el proyecto o solo con mi área?

- Compañerismo - ¿Cómo están las relaciones en el grupo? ¿Nos sentimos amados y cuidados por los demás? Calendario - ¿Vamos de

Capítulo 11

acuerdo con el programa de actividades? Resultados - ¿Estamos alcanzando los resultados esperados? Correcciones - ¿Podemos o debemos tomar medidas correctivas para seguir hacia la meta?

Al hacer reportes nos enfocamos en dar informes o resúmenes escritos. Todo reporte ministerial necesita tener datos concretos y confiables, informar sobre la condición de las personas, del equipo, del proyecto, la economía y las finanzas, proporcionar estadísticas y evaluaciones, comunicar noticias acerca de los ministros y del ministerio. Estos reportes deben hacerse tanto de manera informal como formal; tanto de manera personal como así también en las reuniones del equipo y del ministerio.

12
El obrero líder y sus seguidores

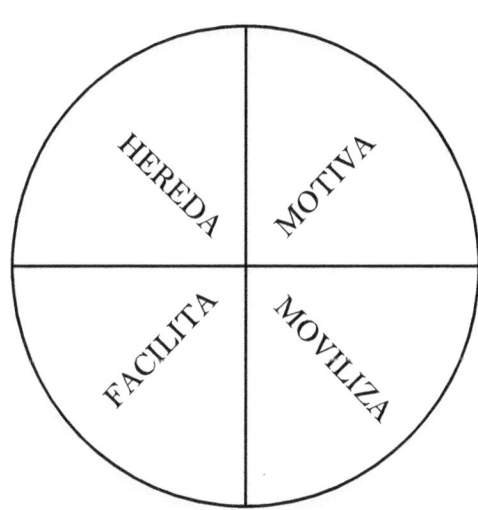

EL OBRERO-LÍDER MOTIVA[8]

Y vino todo varón a quien su corazón estimuló, y todo aquel a quien su espíritu le dio voluntad...

(Éxodo 35:21).

El problema más grande con el cual se enfrenta todo líder es el de motivar a su gente. ¿Cómo se

---

[8] *Adaptado del artículo 'Cómo Motivar' por Howard Hendricks, de la revista Apuntes Pastorales.*

Capítulo 12

puede vencer la inercia de una persona y ponerlo en acción? Pero antes de mirar algunos conceptos que influyen en la motivación de un individuo, debemos definir claramente lo que es un motivo.

MOTIVO es aquel factor en una persona que lo impulsa a tomar una acción determinada. Dentro de este concepto podemos encontrar dos clases de motivaciones: **La motivación extrínseca**, que no proviene del individuo sino de las situaciones que lo rodean, y **la motivación intrínseca**, que sí proviene del individuo mismo. El líder competente va a estar desarrollando constantemente las motivaciones intrínsecas en su ministerio. La motivación extrínseca tiene mucho valor, pero cuando sirven para despertar en el individuo sus motivaciones intrínsecas. Y bien, ¿cómo podremos hacer mejor uso de las motivaciones a fin de ayudar a los colaboradores de nuestros ministerios y coordinaciones a ministrar de manera más efectiva?

Hay ocho circunstancias que se han probado que son muy eficaces para motivar:

- **Expone la realidad** - Una persona puede responder a una necesidad que antes ignoraba, al estar expuesta a la realidad en la cual se manifiesta necesidad.

- **Estimula y reconoce** - A menudo ocurre que las personas se desaniman porque se les está señalando en forma constante lo que hacen mal, en vez de reconocer lo que hacen bien.

- **Modela** - La realidad es que casi todos los creyentes saben lo que tienen que hacer, pero pocos lo hacen porque no se les ha mostrado cómo hacerlo, de qué manera. Por eso no debes sólo decir lo que hay que hacer, debes explicar y demostrar cómo lo haces.

- **Irradia entusiasmo** - Uno de los problemas en el líder cristiano es cómo seguir manteniendo el entusiasmo a través de los años. Muchas veces parece que el ministerio se vuelve una rutina aburrida que no tiene dinamismo alguno. Si te sientes así, es muy lógico que no motives a nadie en su ministerio o coordinación.

- **Remueve las barreras emocionales** - Lo que significas para una persona es mucho más importante que lo que puedas decirle o hacer por esa persona. Es más, lo que significas para esa persona va a determinar la manera en que te escuchará en lo que tenga que decirle.

- **Intensifica las relaciones personales** - Cuanto más cerca estés a una persona, más grande serán las posibilidades de motivarlo. Muestra interés por la vida personal de cada uno.

- **Demuestra amor incondicional** - Es de notarse que el Señor Jesús jamás reprendió a sus discípulos por sus errores, sólo por su falta de fe. Por más grande que fueron sus errores el Señor Jesús amó a sus discípulos. El amor produce de por sí entrega, lealtad y dedicación.

- **Cree en lo que Dios puede hacer** - Una de las cosas más importante que he aprendido a través de los años es que Dios no llama a una persona por lo que es, sino por lo que puede llegar a ser.

El obrero-líder MOVILIZA

Hay una diferencia clave entre reclutar y movilizar gente. **Reclutar** significa buscar individuos para llenar una predeterminada lista de responsabilidades del ministerio, a menudo sin relación a intereses o dones personales. Mientras que **movilizar** es el proceso sistemático de envolver y equipar a la gente de Dios para trabajar en la obra del Señor basado en su desarrollo personal, dones espirituales y pasión ministerial. Se requiere de ciertas habilidades básicas para movilizar gente. Cada habilidad requiere un compromiso de parte del líder para valorar el desarrollo de los que trabajan con Él.

Capítulo 12

Mira – lo que Dios está haciendo en la vida de las personas.

Ora – para que Dios te muestre a qué personas está llamando.

Visita – para conocer el mundo real de las personas.

Identifica – el llamado/propósito, los dones y talentos de personas.

Lidera – a las personas conectando sus llamados/propósitos personales con la visión común que tienen como equipo y con la Gran Comisión.

Invierte – en la vida de las personas para que crezcan como individuos y como obreros miembros del equipo.

Cree – en las personas a pesar de sus errores y fracasos.

Equipa – a las personas para que cumplan con la visión que Dios les ha dado.

EL OBRERO-LÍDER FACILITA

Tomad de entre vosotros ofrenda para Jehová; todo generoso de corazón la traerá a Jehová... Todo sabio de corazón de entre vosotros vendrá y hará todas las cosas que Jehová ha mandado... Y vino todo varón a quien su corazón estimuló, y todo aquel a quien su espíritu le dio voluntad, con ofrenda a Jehová... para toda su obra... Vinieron así hombres como mujeres, todos los voluntarios de corazón... Y dijo Moisés a los hijos de Israel: Mirad, Jehová ha nombrado a Bezaleel... y lo ha llenado del Espíritu de Dios, en sabiduría, en inteligencia, en ciencia y en todo arte, para proyectar diseños, para trabajar en oro, en plata y en bronce, y en la talla de piedras de engaste, y en obra de madera, para trabajar en toda labor ingeniosa. Y ha puesto en su corazón el que pueda enseñar, así él como

Capítulo 12

Aholiab hijo de Ahisamac... y los ha llenado de sabiduría de corazón, para que hagan toda obra de arte... e inventen todo diseño...

(Éxodo 35:5-35).

Así, pues, Bezaleel y Aholiab, y todo hombre sabio de corazón a quien Jehová dio sabiduría e inteligencia para saber hacer toda la obra del servicio del santuario, harán todas las cosas que ha mandado Jehová. Y Moisés llamó a Bezaleel y a Aholiab y a todo varón sabio de corazón, en cuyo corazón había puesto Jehová sabiduría, todo hombre a quien su corazón le movió a venir a la obra para trabajar en ella. Y tomaron de delante de Moisés toda la ofrenda que los hijos de Israel habían traído para la obra del servicio del santuario, a fin de hacerla

(Éxodo 36:1-3).

¿Qué es un facilitador? El significado literal de un facilitador es "aquel que hace las cosas más fáciles". Al hablar del obrero-líder como facilitador, nos referimos a alguien que hace las cosas más fáciles para los miembros del equipo y del ministerio que lidera.

La función del obrero-líder como facilitador es clave dentro del equipo, especialmente en la ejecución de un proyecto. El obrero-líder como buen facilitador en la ejecución de un proyecto debe tener un nivel razonable de conocimiento sobre los procesos, mas no necesariamente ser un experto. El obrero-líder como facilitador le muestra la foto completa al equipo. En este sentido el obrero-líder como facilitador pone todos los demás roles de su liderazgo en dirección a la edificación de los individuos, maximizando la capacidad del equipo y trayendo excelencia al trabajo del ministerio.

Es en su tarea como facilitador que los demás ven al SIERVO tomando DECISIONES según la VISIÓN recibida de parte de Dios. Es como facilitador

Capítulo 12

que DIRIGE según lo PLANIFICADO, asegurando la COORDINACIÓN del equipo, de las tareas y de los dones llevando REGISTROS claros que le permiten evaluar la eficiencia de los individuos y del equipo y APRENDER para crecer como persona y como obrero juntos con los demás, produciendo la MOTIVACIÓN para MOVILIZAR al equipo hasta alcanzar el protagonismo de la voluntad de Dios HEREDANDO a las siguientes generaciones todo lo recibido para continuar hasta el premio del supremo llamamiento que es en Cristo Jesús.

El obrero-líder al ser un facilitador que hace las cosas más fáciles, busca alcanzar tres aspectos en el equipo de trabajo y en el ministerio:

Participación activa de todos – El facilitador funciona como un elemento de unidad asegurando la participación activa de todos según sus dones y destrezas para el cumplimiento de las tareas. El facilitador orienta a los participantes. Las personas tienden a ver a los facilitadores como expertos en el tema que se está tratando. Asegúrate de que estés bien informado sobre el asunto y siéntete cómodo con las preguntas que te hacen los participantes. El facilitador es el líder del equipo de trabajo, y deberá facilitar la implantación de las filosofías o técnicas a usar aprovechando las diferentes destrezas del personal que forma el equipo de trabajo.

Formación personal – El facilitador al mismo tiempo les ayuda a crecer a través del proyecto, del trabajo en conjunto del grupo y de las actividades, permitiendo la manifestación de sus habilidades y de sus dones, para el bien de los individuos y para el bien del equipo como el cuerpo de Cristo y no solamente para el bien del proyecto o la tarea que realizan. El facilitador es alguien capacitado para guiar a otros en el aprendizaje de conocimientos básicos provocando crecimiento personal. El facilitador es alguien comprometido en guiar a los miembros del equipo en el aprendizaje de manera gradual en la vida cotidiana; cuidando su trabajo y evolución personal.

Placer en el trabajo – El facilitador debe procurar crear un ambiente de respeto mutuo entre las personas participantes para maximizar el aprendizaje. Debe estar dispuesto a tomar riesgos y a trabajar duro para que el equipo disfrute lo que hacen, disfruten el estar juntos en el ministerio y celebren lo que Dios está haciendo. Un espíritu de crítica constructiva debe fomentar la valorización constantes de los individuos, enfocando al grupo en celebrar los frutos del ministerio y no encerrarse en los problemas que se enfrentan en la obra. No debe ignorar los problemas, pero debe ponerlos en relación al tamaño y la capacidad de Dios y no en perspectiva del tamaño y la capacidad natural y humana del equipo o del ministerio. Así entonces podrá decir como Josué y Caleb:

> *Y Josué hijo de Nun y Caleb hijo de Jefone, que eran de los que habían reconocido la tierra... hablaron a toda la congregación de los hijos de Israel, diciendo: La tierra por donde pasamos para reconocerla, es tierra en gran manera buena. Si Jehová se agradare de nosotros, él nos llevará a esta tierra, y nos la entregará; tierra que fluye leche y miel. Por tanto, no seáis rebeldes contra Jehová, ni temáis al pueblo de esta tierra; porque nosotros los comeremos como pan; su amparo se ha apartado de ellos, y con nosotros está Jehová; no los temáis*
>
> (Números 14:6-9).

El obrero-líder HEREDA

> *Fue Moisés y habló estas palabras a todo Israel, y le dijo: Este día soy de edad de ciento veinte años; no puedo más salir ni entrar; además de esto Jehová me ha dicho: No pasarás este Jordán... Y llamó Moisés a Josué, y le dijo en presencia de todo Israel: Esfuérzate y anímate;*

Capítulo 12

Capítulo 12

porque tú entrarás con este pueblo a la tierra que juró Jehová a sus padres que les daría, y tú les harás heredar

(Deuteronomio 31:1-2, 7).

Los líderes deben liderar entendiendo que su liderazgo en el ministerio es temporal. Hay un momento en el que Dios les estará guiando a otras asignaciones y deberán entregar el liderazgo a otra persona. Esos **líderes** entiende que el ministerio o la iglesia no es de su propiedad y mucho menos su empresa personal, aunque Dios los haya usado para levantar y prosperar dicho ministerio o iglesia. Ellos tienen claro que Jesús es el Señor de la iglesia y que ellos son siervos que están ahí porque el Señor los necesita, y cuando el Señor tiene otra asignación para ellos, están disponibles para tomarla.

Liderar con una predisposición para heredar requiere de un **obrero-líder que BUSCA su sucesor** para que continúe liderando el ministerio.

Ponga Jehová, Dios de los espíritus de toda carne, un varón sobre la congregación, que salga delante de ellos y que entre delante de ellos, que los saque y los introduzca, para que la congregación de Jehová no sea como ovejas sin pastor. Y Jehová dijo a Moisés: Toma a Josué hijo de Nun, varón en el cual hay espíritu, y pondrás tu mano sobre él; y lo pondrás delante del sacerdote Eleazar, y delante de toda la congregación; y le darás el cargo en presencia de ellos. Y pondrás de tu dignidad sobre él, para que toda la congregación de los hijos de Israel le obedezca. Él se pondrá delante del sacerdote Eleazar, y le consultará por el juicio del Urim delante de Jehová; por el dicho de él saldrán, y por el dicho de él entrarán, él y todos los hijos de Israel con él, y toda la congregación. Y Moisés hizo como Jehová le había mandado, pues tomó a Josué y lo puso delante del sacerdote Eleazar, y de toda la congregación; y puso sobre él sus manos, y le dio el cargo, como Jehová había mandado por mano de Moisés

(Números 27:16-23).

ORA pidiendo por el sucesor – *Ponga Jehová, Dios de los espíritus de toda carne, un varón sobre la congregación.*

¿Qué pidió Moisés?

• Alguien visible – *que salga delante de ellos y que entre delante de ellos.*

• Alguien con visión – *que los saque y los introduzca.*

• Alguien con corazón de pastor – *para que la congregación de Jehová no sea como ovejas sin pastor.*

IDENTIFICA al sucesor – *Y Jehová dijo a Moisés: Toma a Josué hijo de Nun, varón en el cual hay espíritu.*

¿Qué respondió Dios?

• Es uno de tu equipo – *Toma a Josué.*

• Es uno que tiene espíritu – *Varón en el cuál hay espíritu* (RV60), *que es un hombre valiente y me obedece* (BPT). *Es un hombre de espíritu* (DHH). *Hombre en quién está el Espíritu* (LBLA). *Que es un hombre de gran espíritu* – (NVI).

• Moisés le habló al Dios de los espíritus de toda carne y Dios le respondió que escogiera a Josué, varón en el cual hay espíritu. Un hombre de espíritu es alguien que es obediente a Dios, es valiente y posee el poder de Dios.

Capítulo 12

Capítulo 12

PROCURA que los demás acepten al sucesor – *y pondrás tu mano sobre él; y lo pondrás delante del sacerdote Eleazar, y delante de toda la congregación; y le darás el cargo en presencia de ellos. Y pondrás de tu dignidad sobre él, para que toda la congregación de los hijos de Israel le obedezca.*

¿Qué espera Dios que hagas cuando identificas al sucesor?

- **Acéptalo primero tú** – *y pondrás tu mano sobre él.*

- **Guíalo para que lo acepten los líderes espirituales del pueblo** – *y lo pondrás delante del sacerdote Eleazar.*

- **Haz todo lo necesario para que lo acepten los seguidores** – *y lo pondrás... delante de toda la congregación; y le darás el cargo en presencia de ellos. Y pondrás de tu dignidad sobre él, para que toda la congregación de los hijos de Israel le obedezca.*

- **Preséntalo** – hazlo en público.

- **Posiciónalo** – ponlo en posición.

- **Dignifícalo** – dale autoridad.

HABILITA al sucesor – *Él se pondrá delante del sacerdote Eleazar, y le consultará por el juicio del Urim delante de Jehová; por el dicho de él saldrán, y por el dicho de él entrarán, él y todos los hijos de Israel con él, y toda la congregación.*

¿Qué espera Dios del sucesor mientras Moisés todavía está presente?

- **Que se ponga en posición** – *Él se pondrá delante del sacerdote Eleazar.*

- **Que fluya con el liderazgo espiritual del pueblo** – *y le consultará por el juicio del Urim delante de Jehová.*

- **Que tome decisiones de liderazgo** – *por el dicho de él saldrán, y por el dicho de él entrarán, él y todos los hijos de Israel con él, y toda la congregación.*

¿Qué espera Dios de ti mientras el sucesor está en posición, fluyendo con el liderazgo y tomando decisiones como líder del pueblo?

- **Que lo dejes actuar con libertad. No lo estorbes** – *Y Moisés hizo como Jehová le había mandado, pues tomó a Josué y lo puso delante del sacerdote Eleazar, y de toda la congregación; y puso sobre él sus manos, y le dio el cargo, como Jehová había mandado por mano de Moisés.*

Capítulo 12

Un ministerio dedicado al desarrollo de iglesias,
pastores y líderes saludables que cumplan con la misión de Dios.

www.conexionpastoral.com

info@conexionpastoral.com

Recursos Pastorales

www.recursospastorales.net

Otros libros del autor

PARA LA PASTORAL Y EL LIDERAZGO

Trabajando en equipo

El pastor y su persona

El pastor y su familia

El pastor y su ministerio

El pastor y su iglesia

Comunidad segura

PARA EL DISCIPULADO Y DESARROLLO DE LÍDERES

Defendiendo nuestra fe

Discipulado de fundamento

La vida con Jesús

Una vida de abundancia

GUÍAS DE LECTURA PARA GRUPOS PEQUEÑOS

Amor genuino

Paz permanente